教育部人文社会科学研究青年基金项目
“跨学科视域下基于语料库的语义波界面研究”（18YJC740060）

语义波的分形谐振研究：以英语科普语篇为例

罗载兵　著

四川大学出版社

项目策划：黄蕴婷
责任编辑：黄蕴婷
责任校对：欧风偃
封面设计：胜翔设计
责任印制：王　炜

图书在版编目（CIP）数据

语义波的分形谐振研究 ：以英语科普语篇为例 / 罗载兵著. — 成都 ：四川大学出版社，2019.6
ISBN 978-7-5690-2799-0

Ⅰ. ①语… Ⅱ. ①罗… Ⅲ. ①英语—语言学—研究 Ⅳ. ①H31

中国版本图书馆 CIP 数据核字（2019）第 101996 号

书名　语义波的分形谐振研究：以英语科普语篇为例
Yuyibo de Fenxing Xiezhen Yanjiu: Yi Yingyu Kepu Yupian Weili

著　者　罗载兵
出　版　四川大学出版社
地　址　成都市一环路南一段 24 号（610065）
发　行　四川大学出版社
书　号　ISBN 978-7-5690-2799-0
印前制作　四川胜翔数码印务设计有限公司
印　刷　成都国图广告印务有限公司
成品尺寸　170mm×240mm
插　页　2
印　张　12.5
字　数　238 千字
版　次　2019 年 7 月第 1 版
印　次　2019 年 7 月第 1 次印刷
定　价　48.00 元

扫码加入读者圈

◆ 读者邮购本书，请与本社发行科联系。
电话：(028)85408408/(028)85401670/
(028)86408023　邮政编码：610065
◆ 本社图书如有印装质量问题，请寄回出版社调换。
◆ 网址：http://press.scu.edu.cn

四川大学出版社
微信公众号

序

十多年前，我指导罗载兵完成了硕士研究生阶段的学习。他特别喜爱看书，善于动脑思考，给我留下了深刻印象。他攻读硕士学位期间还写了一篇研究论文，经过我修改之后被《当代外语研究》接受发表。载兵不满足于此，继续刻苦努力，立志要攻读博士学位。考博也算是好事多磨，眼看着没有机会，后来经过努力又有了机会。于是，他十分珍惜这来之不易的学习机会，埋头攻读博士学位。随着时间推移，他逐渐表现出良好的对语言问题的洞察力。他充分利用了时间，广泛阅读语言学的相关书刊，攻读博士学位期间就在国内外语类学术期刊上发表了好几篇研究论文。

如今在其学位论文的基础上，他完成了《语义波的分形谐振研究：以英语科普语篇为例》一书。他请我为他这部专著写个序，我既感到高兴，又很有压力。高兴是因为载兵在学术上又取得了较大进步，他有望做出更好的成绩。有压力是因为我对语义波缺乏系统研究，没有写个好序的基础。

本书围绕语义波这一比较新颖的话题论著成书，对系统功能语言学和合法化语码理论的对话有显著贡献。我们知道，系统功能语言学与教育社会学一直有互动对话的传统。系统功能语言学的语义波概念是基于语篇的信息流动得以发展成熟的，而合法化语码理论继承和发展了伯恩斯坦、布迪厄等的社会学理论，其语义波的概念是从语境切入，并由此展开的。本书正是在二者互动对话的基础上，从语境与语篇的分形属性来考察语义波这一理论焦点，创新地提出了语义波的三维分形模型、分形语法、语义波的识别框架、语义波的语篇分析模式等前沿性论断。载兵能够跳出旧有模式，选取分形谐振这一研究视角，实属难得。

此外，本书为了说明语义波的分形谐振属性，选取了英语科普语篇作为语料，充分结合量化分析，详细统计和比较了不同层级的语义波分布特征及其谐振属性，做到了理论与实践相结合，很好地结合功能语言学和合法化语码理论，深入分析了英语科普语篇的一些特征。

本书不仅提供了研究语义波的新视角，同时也加深了人们对语义波的认识和理解。

多年来，罗载兵博士在学术道路上埋头苦干，潜心钻研。我相信在今后的岁月中，他的学术潜力还能更好地发挥出来，他将取得更多、更大的成绩。

杨炳钧

2019 年 3 月 27 日

于上海交通大学

前　　言

博士三载既是一场人生历练，也是一项对个人的抗压能力的挑战。事实上，我整整花了八年的时间完成自己的求学之路。对过去彻夜难眠、苦乐参半的求学日子，我记忆犹新。历经数次修改，博士学位论文如今得以专著的形式付梓，不禁暗自欣喜。

本书是我的第一本学术专著，聚焦语义波这一前沿话题。语义波是系统功能语言学与合法化语码理论对话合作的焦点。系统功能语言学的语义波概念是从语篇意义切入来分析语篇的信息流动，主要着眼于信息流动的周期性特征。合法化语码理论的语义性原则从情景语境出发来考察语义的依赖与压缩，认为语义波是语义引力、语义密度同时变化而呈现的一种起伏性语义框架，强调语义波的判断分析需视具体语境进行。二者的语义波概念是互补的。在与合法化语码理论对话合作的过程中，系统功能语言学提出了质量与存在的概念来对语义引力和语义密度进行改造，试图将其纳入系统功能语言学的元功能框架之下，促进合法化语码理论与系统功能语言学的语义波研究融合。此外，时间性与空间性也被视为语义波产生的重要策略，其体现了语义波移动的持续性、顺序性、广延性。

在审视考察语义波的语义性、时间性、空间性等维度基础上，可以发现合法化语码理论与系统功能语言学对语义波的研究与改造尚存以下不足：(1) 合法化语码理论的语义性原则缺失对语义波的客观判定标准与显性识别的具体切分单位，基于语境出发判断语义波的起伏性过于主观化，在语义引力与语义密度的选择上缺少孰为优先的客观识别原则；(2) 系统功能语言学对语义波的改造尚停留在语义层面，未深入更为基础客观的词汇语法层，原因在于词汇语法是意义产生的动力室，没有词汇语法就没有意义，词汇语法本身是有所取向的；(3) 语义波的语义性、时间性、空间性等维度没有充分识解语义波的根本属性，即语义波的分形属性。

鉴于此，本书在系统功能语言学与合法化语码理论整合基础下，借助语料库的分析方法，以英语科普语篇为例对语义波尝试进行系统研究，拟主要解决以下三个问题：(1) 就语义波研究而言，合法化语码理论与系统功能语言学理论的契合基础是什么？(2) 对不同类型的语义波应该如何客观显性地识别？(3) 英语科普语篇中，不同类型的语义波之间具有什么样的分形谐振关系？

本研究在系统功能语言学与合法化语码理论的整合框架下，基于语境与语篇的相互预示关系，从语篇出发，构建了语义波的三维分形模型，构建了语义波分形的词汇语法，并在此基础上为不同类型语义波的显性识别提出了5×5的矩阵框架。语义波的分形谐振属性需视具体语篇进行具体分析，以便客观地判定语义波的分形层级、移动方向、语义幅度、波峰与波谷、谐振效应等综合特征。为了具体分析不同类型语义波的分形谐振属性，本书以英语科普语篇为语料，采用基于语料库的定量分析与定性分析方法，首先收集了144篇面向国内大学生群体的英语科普语篇，依据语场尽可能扩充而主题不重复、文体不限的原则，考察了其中的78篇，对其中不同类型的语义波进行标注、提取，进而开展深入的数据分析。结果有以下发现：

(1) 在本研究的英语科普语篇中，首先，概念型语义波、时间型语义波、空间型语义波的分布呈逐步减少的趋势，原因在于科普知识本身的科普场域和语义波本身的分形途径各异。其次，语义波的分形特征体现了不同类型语义波的语义框架在英语科普语篇中的属性差异，即概念型语义波具有起伏性与连续性特征，时间型语义波与空间型语义波仅具有连续性，而不具有起伏性特征。二者如果体现出起伏性的特征，就将进入概念型语义波的范畴，这与语义波的分布特点及语义幅度是契合的。

(2) 不同类型的语义波可出现于不同的分形层级，呈现出不同的语义波移动方向，体现出不同的语义幅度。在本研究的英语科普语篇中，首先，概念型语义波的分形层级呈现为小句复合体、小句、词组、语段、语篇的递减趋势，小句复合体出现最多，语篇层级最少。而时间型语义波与空间型语义波都只出现于小句复合体以上层级。其次，就语义波的移动方向而言，概念型语义波呈现出四种移动方向，即①上升→下降→上升，②下降，③上升，④下降→上升→下降，而时间型语义波与空间型语义波呈现为平线移动。再次，就语义波的语义幅度而言，时间型语义波与空间型语义波不具有起伏性特征，波峰与波谷无法识解，其中时间型语义波仅具有语义引力差异，而空间型语义波仅具有语义密度差异，因而二者仅呈现出分形层级的差异，而不具有语义幅度差异，时间型语义波的分形层级比空间型语义波的分形层级更高。而与时间型语义波和空间型语义波相比，概念型语义波则完全不同。其除了分形层级比前两者更具多样性外，也涉及波峰与波谷之间的语义幅度差异。概念型语义波的语义幅度在不同语篇层级上至少呈现出21种变体。在词组层级上，语义波的语义幅度限于词与词组、词组与词组之间、词组与小句之间3种变体。在小句层级上，语义波的语义幅度出现了4种变体，即词－词组、词组－小句、词－小句、词组－词组。在小句复合体层级上，语义波的语义幅度出现了8种变体，分别为词－词组、词－小句、词组－小句、小句－小句复合体、词组－小句复合体、词组－词组、小句－小句、小句复合体－小句复合体。在语段层级上，语义波的语义幅度出现了2种变体，即小句－小句复合体、小句复合体－小句复合体。在语篇层级上，语义波的语义幅度出现1种变体，即小句复合体－语段。

语义波的语义幅度变体随着分形层级的升高而逐渐增多，超过小句复合体层级而出现逐渐下降的趋势，语义波的语义幅度受制于其出现的分形层级，不可能出现超越其本身分形层级的语义幅度变体。不同的语义波语义幅度在词组层级上的移动幅度较小，主要体现为词组－词组变体，在小句复合体层级上语义幅度有所增大，主要体现为小句－小句复合体、词组－小句复合体变体。在不涉及语义波的移动方向的前提下，波峰的构建呈现参与者、图示、序列、环境成分、过程的依次递减的趋势；波谷的构建呈现过程、环境成分、图示、参与者、序列的依次递增的趋势。语义波的语义幅度是对语场的分类关系、核心关系、序列活动关系的不同程度的体现。

（3）就语义波的谐振效应而言，不同类型的语义波在小句复合体层级之上呈现出三种情形，即语义波的横向谐振、语义波的纵向谐振、语义波与信息波的谐振。语义波的横向谐振具体体现为概念型语义波与时间型语义波的谐振、概念型语义波与空间型语义波的谐振、时间型语义波与空间型语义波的谐振。语义波的纵向谐振具体体现为概念型语义波的不同层级，即概念型语义波的波段中的波段，而时间型语义波与空间型语义波由于本身不具有起伏性而不具有纵向谐振的特征。就语义波与语篇信息波的谐振而言，时间型语义波出现于小句复合体与语段层级，而空间型语义波出现于小句与小句复合体层级，概念型语义波出现于词组、小句、小句复合体、语段、语篇层级。三种类型语义波与语篇信息波的谐振体现于语义波的载体共享，波峰、波谷与主述结构成分重叠两方面，从而呈现出不同层级上的语义波与信息波的谐振。

（4）语义波的分形谐振在于不同建构资源的使用。从语义波的载体来看，各语义波类型都是基于不同性状的概念意义；从语义波的移动方向来看，语义波涉及语义平线与语义起伏移动；从语义波的分形语法来看，各语义波涉及级阶移动、范畴跨越、语法选择、词汇选择、离心扩散、向心压缩。而就语义波的谐振效应而言，其语法资源主要涉及及物性系统的关系小句，投射系统的客观化事实投射，逻辑与经验意义的相互转化及语法隐喻；从语义波的语言资源来看，语义波的谐振效应涉及权力词汇、权力语法、权力写作的使用。

本研究具有两方面的意义。理论上，本研究建构了语义波的三维分形模型，为合法化语码理论的语义波研究提供了客观显性的分析与识别标准，将系统功能语言学对语义波的改造拓展到词汇语法层次，促进了合法化语码理论与系统功能语言学的进一步融合。实践上，本研究主要考察英语科普语篇中的不同类型语义波之间的分形谐振特征。不同类型的语义波构建呈现了知识科普的合法化交际过程，体现了科普实践的社会教育实质，为科普语篇的劝说性与告知性语篇特征在知识构建过程中的合法体现提供了参考标准。

本书得以出版，要感谢很多人的关心、厚爱与支持。首先，我要感谢我的博士生导师蒋宇红教授，于彷徨之际，是老师将我收入门下。俗话说，“师傅领进门，修行在个人”，博士学习困难重重，老师也竭其所能，不嫌弃我愚笨，此恩此情令人难忘。其次，我要感谢我的硕士生导师杨炳钧教授，是杨老师将我领入功能语言学的大门，引领我走上学术研究之路。读博期间我也持续受惠于老师的教导，杨老师的谆谆教诲历历在目，我常记心中。此外，我还要感谢给予我指导的刘承宇教授、文旭教授、王振华教授、张克定教授、杜世洪教授、张绍全教授、成军教授，各位教授们的言说，如醍醐灌顶，令我豁然开朗。感谢一直培养我的西南大学外国语学院及老师们，特别感谢陈治安教授、刘家荣教授、李力教授、杨雪芹研究员、张俊教授、林文治副教授、杨昆副教授。感谢西南交通大学的徐晓燕教授，及其他各位教授给予我无限的指导与鼓励。感谢重庆大学的蒋婷师姐，长江师范学院的何远秀师姐、张玉波师兄，重庆科技学院的董保华师兄，四川师范大学的谢翠萍师姐，西安外国语大学的王汐师妹，北京航空航天大学的安毅博士，向各位师兄姐妹们请教时，皆各抒己见，毫无保留，奇思妙想自然天成。再次，我要感谢我的同窗与好友李茹博士、旷战博士、李孝英博士、向大军博士、丁芳芳博士、石卉师妹、单欣欣博士、石春煦博士、王丽莎同学、朱禹丞老师、郭思源老师、何矩老师，感谢各位同窗好友在日常的生活与学习上给予我的关心、帮助与爱护。

最后，我要深深感谢我的家人对我在外求学给予的全心支持。首先衷心感谢我的父母与岳父母四位至亲，他们不辞辛劳支持我求学，毫无怨言，各尽所能，免除了我的后顾之忧，使我在外学习安心。深深感谢我的妻子陈虹来女士对我的支持与鼓励，她一人扛着管教孩子、呵护家庭的多重责任，大大减轻了我读博期间的压力，令我这位读“圣贤书”的博士倍感惭愧。最后，还要感谢四川大学出版社的各位编辑，感谢他们辛苦耐心的工作。

由于本人能力、水平有限，书中肯定还有纰漏、不足甚至错误之处，敬请各位专家学者批评指正。

罗载兵
2019 年 3 月 31 日
于西南交通大学

目　　录

图索引

表索引

第1章 绪 论

1.1 选题缘由

系统功能语言学与伯恩斯坦的教育社会学一直具有互动对话的传统。系统功能语言学从社会语境考察语言，以社会语义为视角，建构自己的社会符号学，而伯恩斯坦的教育社会学本身就以系统功能语言学作为话语分析的语言理论框架，二者都将对方视为自身理论发展的对话基础。当前，二者的对话已步入第五阶段（Maton & Doran，2017c），语义波正是二者对话的焦点。

在系统功能语言学中，语义波是语篇中类似于信息流动的特殊现象，波其实隐喻了语篇的信息流动与发展。而在新伯恩斯坦学者 Maton 看来，语义波是识解不同学科知识的关键。当前对于语义波的语言学研究尚不多见，且大都聚焦于学校“学科教育”场域（Eggins，Wignell & Martin，1993；Martin，1993a，1993b；Coffin，1996，1997，2006；Rose，1997，1998；Iedema，1995；Martin，2012a，2012b；Hao，2011；Humphrey & Hao，2013；Georgiou，Maton & Sharma，2014；Blackie，2014），对更为宽广的“社会教育”场域的探索研究较少，这未能充分体现系统功能语言学与伯恩斯坦的教育社会学的“社会叙事”。因此，研究面向社会普通大众的科普语篇的语义波是本文选题的缘由之一。

科学普及简称科普，是指利用各种传媒以浅显的方式向普通大众普及科学技术知识、倡导科学方法、传播科学思想、弘扬科学精神的活动。其语篇内容更为广泛，多数由科学家以及传媒从业员编撰，通过不同媒介展示，如书本、纪录片、杂志文章和网页等（Wikipedia，2015）。科学语言是“进行科学活动的话语形式，是意义产生的系统资源”（Halliday，1998a：185）。科普语篇与科技语篇是知识建构的符号载体，两者都属于科学语言的范畴，但是科普语篇与科技语篇具有典型的不同。科普语篇的社会教育目的在于推广与科学相关的知识，其对象一般为普通大众；科技语篇是对科学知识本身的表征，其对象一般为科学专业人士等。作为科学知识普及的科普语篇由于其本身与科技语篇存在内在差异，科学知识的传播与普及就需视科普的内在差异相应地进行合理的选取调整，以实现其社会教育的功能目的。在科普场域中，语篇类似波浪的语义属性可体现作为知识的意义建构与传递的脉冲，语义波的特性可为科普性语篇提供不同的意义建构资源，在不同的科普场域中体现出不同的起伏性、持续性、顺序性等特征。挖掘科普语篇的语义波建构的意义资源将为科学知识的高效传播提供极具针对性的语篇策略，以便有针对性地选择贴近科普对象的、符合科普知识本身要求的词汇语法资源来充分体现科普语篇的劝说性与告知性特征，增强科普语篇的社会教育功能，因此本研究以英语科普语篇作为语料来源。

知识与语言常被视为不同的现象，而系统功能语言学认为语言与知识是同一现象，语言不仅是知识的表征手段，还创造知识（Halliday，1998a）。因此知识不是语言的编码之物，而是由语言产生（Halliday，1988），知晓（knowing）不是思考（thinking），而是表意（meaning），知识就是语言的意义，其本身是一种语言行为，是由词汇语法建构的。由此可知，科普知识的传播就是意义的互动，而语篇就是意义单位。以英语科普语篇为例，一方面，探究语义波的分形途径，识解语义波的分形属性，识解知识科普的“内部语言”，理论上而言能在不同抽象化等级上将系统功能语言学与合法化语码理论中不同性质的语义波融会贯通；另一方面，在英语科普语篇中分析不同语义波类型间的谐振效应，探析建构语义波的词汇语法与语言资源，识解知识科普的“外部语言”，有助于系统性地探究科普知识的合法化建构过程，诠释科普语篇的社会教育功能。因而英语科普语篇的语义波的分形谐振研究是尤其值得研究的话题。

1.2 研究目的及问题

对作为语言研究维度的波进行相关研究的主要有布拉格学派、法位学、系统功能语言学、合法化语码理论等，当前国内对于语义波的语言学研究尚未多见。在系统功能语言学与伯恩斯坦教育社会学的理论整合框架下，探寻语义波的三维分形属性、语言资源及语篇特征，进一步促进合法化语码理论与系统功能语言学的语义波研究契合是本研究的主要目的。具体而言，本研究拟回答以下三个问题：

问题一：就语义波而言，合法化语码理论与系统功能语言学的契合基础是什么？

当前，语义波的概念是系统功能语言学与伯恩斯坦教育社会学的对话焦点，建构语义波的符号资源庞杂繁多。研究语义波的建构特征就必然涉及建构语义波的不同维度，如语义性、时间性、空间性等。本研究将在系统功能语言学与合法化语码理论的整合框架下，从语境层、语义层、词汇语法层三个抽象化层次探析语义波分形谐振的理论建构模型，明晰语义波的“内部语言”。

问题二：应该如何客观识别不同类型的语义波？

语义波的第二阶属性要求其得以客观识别，关键在于如何建构语义波的客观识别框架。本研究将在已有研究的基础上界定语义波的移动载体，明晰语义波的类型，设定语义波的识别单位，建构语义波的识别矩阵。

问题三：在英语科普语篇中，知识科普涉及的不同语义波类型之间具有什么样的分形谐振关系？

与科技语篇不同，科普语篇的功能在于其社会教育方面，知识科普涉及不同类型的语义波的互动建构。语义波的语义性、时间性、空间性在英语科普语篇中比在其他场域语篇中都更加典型、突出。三种类型的语义波在英语科普语篇中具有什么样的分布特点，三者之间具有什么样的互动关系，是本研究将要详细探讨的重点。具体而言，本研究将自建英语科普语篇的小型语料库，进一步分析不同类型语义波的出现层级、移动方向、语义幅度、波峰与波谷等；从横向与纵向的角度探析不同类型的语义波之间的谐振效应，并进一步明晰建构不同类型的语义波谐振效应的语法与语言资源。

1.3　研究设计

1.3.1　语料选取

面向非专业者的出版读物无非两种类型，即教育性语篇与普及性语篇

(Gotti，2014：16)。前者在于向学生提供不同学科期待的“次层文化”(secondary culture)（Widdowson，1979：51)，典型语料为大学教材或指导手册，而后者在于以更贴近非专业者日常经验的语言扩展读者知识，典型语料为科普杂志、畅销读物、日常报刊的专门性话题栏目等（Gotti，2014)。鉴于此，本研究语料选自面向国内大学生群体的英语阅读丛书《英语阅读菁华》（东华大学出版社）与《super・分级分类英汉对照读物・四级》（中国人民大学出版社)，以区别于当前的学科教育场域的知识建构研究。《英语阅读菁华》共五册，该丛书分为《幽默篇》《童话篇》《风土人情篇》《人文历史篇》和《科普篇》，具有以下特点：(1）给读者提供一个较理想的、真实的语言环境；(2）给读者提供既地道规范又生动活泼的当代英语；(3）既具有针对性，又符合科学性和系统性原则。与此类似，《super・分级分类英汉对照读物・四级》系列读物共四册，分为《科普篇》《经济法律篇》《文学艺术篇》《综合篇》，内容与难度紧扣《最新大学英语课程教学要求（试行)》标准，语篇多选自最新英美报刊等读物。

本研究语料取自两套系列丛书的《科普篇》分册，语料内容涉及不同学科的各个领域，诸如基础科学研究、天体宇宙、太空飞行、生态环境保护、地震预测、医疗保健、生物工程、动植物、计算机、网络信息、黑客、交通运输、干细胞的研究与克隆技术的发展与现状等自然科学与社会科学场域，总共144篇。一方面，语义波类型的分布与学科场域的多样性相关，而不是与某一个学科场域的不同语篇类型，也就是不同的语场相关，因此本研究没有对所选择语料进行单一的学科划分，而是尽可能的涉及不同学科场域；另一方面，科普语篇中的语义波相对最为典型（吴格奇、朱永生，2016)，为了确保所选择科普语篇的语义波类型尽可能典型突出、有代表性，确保语料涉及不同学科的科普主题场域，本研究只对语料的语旨与语式进行了统一，对语场，则按照主题不同、文体不限的原则，主要选择其中的78篇书面语篇作为本研究的语料，同时去除科普语篇中的习题、翻译、辅助解释等无关信息，按照语篇段落，进行整理和校对后形成小型英语科普语篇语料库。

1.3.2 研究的基本思路与方法

研究的基本思路是理论与实证相结合，通过对所建的小型英语科普语篇语料库进行定量与定性分析，得出相应的结论。首先将144篇科普文章进行顺序编号，分别导入语料库软件UAM 2.8，按照不同科普主题的原则析选出符合所设定标准的英语科普语篇共 78 篇，形成自建的小型语料库。其次，将这 78 篇科普语篇进行规范化整理后，再次分类导入语料库统计软件 UAM 2.8。然后依照系统功能语言学与合法化语码理论的整合理论框架，依据语义波的三维分形模型建构语义波的分形谐振的总体标注框架（请见附录 2），对各类型语义波的不同语义波波段进行半自动识别与标注，将各类型出现频数归结到每 1000 词中进行标准化。再将识别出的不同分形层级的语义波类型进行合理分类与交叉分析，进而探析语义波的分形层级特征及谐振效应，主要讨论语义波类型的分形层级、移动方向、语义幅度、谐振效应等。最后讨论建构各语义波类型的词汇语法与语言资源。

本研究采用定性与定量相结合的研究方法。系统功能语言学既注重跨学科的研究，也关注研究方法和研究途径的多元化（黄国文，辛志英，2010），在定量研究上本文力求达到“真实有效”，为了确保定量研究的客观性与科学性，综合运用语言学、语料库语言学、社会学等多学科的分析方法。总之，内省法、探问法、比较法、语料库语言学的分析方法是本研究的基本方法。

除此以外，本研究还采用了文献研究法和交叉研究法。鉴于英语科普语篇的特殊性，本研究通过梳理、归纳国内外有关语义波研究的文献资料，重新建构语义波的三维分形理论框架，作为理论基础。同时，通过对系统功能语言学、合法化语码理论、英语科普语篇的国内外研究进行回顾、综述，总结梳理目前研究的成就及不足，明确本研究的研究对象与方向，并在语料分析中对相关数据的基本特征进行交叉分析，以便探索不同数据背后的深层次原因。

1.4　研究意义

1.4.1　理论意义

本研究在系统功能语言学的分形谐振理论与合法化语码理论的语义性框架下探索语义波的分形谐振特征，从理论上充实并完善了当前系统功能语言学内部对语义波的理论建构，旨在以定量和定性分析相结合的方式为系统功能语言学的语义波研究提供理论依据与进一步研究的范式，以便将语义波的语境、语义、语法研究层次整合统一起来，加深系统功能语言学与伯恩斯坦教育社会学的对话与契合。同时，本研究将以系统功能语言学为基础，结合语料库语言学、教育社会学等相关理论，多维度地对英语科普语篇的语义波分形谐振特征进行本体研究，建构英语科普语篇的语义波三维分形等级模型，凸显语义波分形研究的语法与语篇取向，拓展语义波动态形成机制研究的深度和广度。

1.4.2 实践意义

科普的本质属性在于其社会教育功能，科普实践的合法性关键在于科学知识生产、传递、再生产的语境化过程。科普语篇是科学语言的次范畴，可被认为是对科学知识的再语境化。知识科普的语义波是其普及科学知识、实现社会教育功能的关键。语义波的分形谐振研究一定程度上可为科普实践的有效性提供参照性标准，为科普实践的可及性与可接受性的提高提供借鉴，揭示英语科普语篇的劝说性与告知性的合法性依据。其次，科学知识的隔离性（alienation）要求科普实践跨越不同知识结构内在的语义鸿沟。语义波的分形谐振研究不仅为科普语篇的写作提供范式，也为跨越科普知识的内在鸿沟提供有效的语篇策略与语言资源。第三，科普语篇的语义波分形谐振研究也为科普语篇的归属提供参考依据，为解决科普语篇是作为科学知识的再形成还是作为科学知识的再语境化的争议提供合法化的界定框架。

1.5 论文结构

本书由七章构成，可分为四个部分。具体内容如下：

第一部分包括前两章。第一章绪论交代了本研究的选题缘由与研究目的，进而指出本研究要解决的研究问题与研究对象。研究设计详细说明了研究语料的收集与界定，然后说明本研究的基本思路、研究方法与研究意义。第二章为文献综述，主要归纳与总结了当前国内外研究的成绩与不足，并进行了简要评述。

第二部分包括第三章与第四章。第三章为本研究的理论基础与分析框架，主要回顾了系统功能语言学与伯恩斯坦教育社会学的对话与合作，重点剖析了二者对于作为社会符号的语言与语码、知识结构、语境之间的相互关系，并在此基础上提出本研究的理论框架。第四章在第三章的基础上提出了本研究的识别操作框架，建构了语义波的 5×5 识别矩阵。

第三部分由第五章与第六章组成。第五章主要分析英语科普语篇中语义波的分形建构类型及其分布特征，主要探讨三种类型语义波的分形层级、移动方向、语义幅度及其建构资源。第六章主要探讨语义波的谐振效应，即不同类型的语义波之间的横向谐振效应、语义波内部的纵向谐振效应以及语义波与信息波之间的谐振效应，最后分析形成这些谐振效应的词汇语法资源与语言资源。

第四部分为第七章，即本研究的结论部分。在第三至六章的研究基础上，第七章针对本研究的研究目的与研究问题，进行概括总结，探析语义波的分形谐振特征及建构资源，并提出了有益于科普实践的研究启示，同时也指出了本研究存在的一些不足，为后续研究指明方向。

第2章 文献综述

2.1 引言

语言是对知识的表征，语言也产生知识。科普语篇是科学语言的语境重塑，是科学知识再语境化的语言表征。语篇类似波浪的语义属性可体现作为知识的意义建构与传递的脉冲，科普语篇的有关研究体现科学知识建构方式的多样性，因而本章将以作为语言研究维度的波与科普语篇的相关研究为主要综述对象，对二者的相关研究进行简要回顾。首先，本章着眼于语言研究维度之一的波，对作为语言单位的波、作为信息流动的波、作为意义建构的波的有关研究进行简要回顾与评述。然后，对科普语篇的不同研究视角进行回顾与评述。最后，指出当前研究存在的一些不足与问题。

2.2 作为语言研究维度的波

波原本是物理学的概念，语言学研究者也将其作为研究语言本体的一个重要维度。Saussure（1915［1966］：112）曾采用类比的方式来阐释语言、思维、声音的关系，他指出，“思维与声音叠合意味着分割，设想空气与水面的接触，气压变化，水面将呈现出一系列的分割，即波浪，波浪类似思维与声音的耦合”。因此，在他看来，波浪不是水本身，其也不是引起波浪的风，而是风与水共同作用的互动模式。可以发现，作为语言研究维度的波本身体现出第二阶（second order）的特质。

2.2.1　粒子、波、场

在语言学研究中，较早采用“波”的隐喻概念进行语言研究的当属法位学的创始人 Pike。Pike（1959）借用物理学中的三个术语，提出了语言三种单位的设想，即粒子（particle）、波（wave）、场（field），并在情景语境中分析语言单位的法位，即轨位（slot）、类别（class）、作用（role）、接应（cohesion）（刘润清，1979），试图以此将语言与实际行为统一起来进行语法分析。在 Pike（1959，1981）看来，将语言视为粒子，是指静止地观察界限清楚明了的序列单位；将语言视为波，是指动态地观察物质连续体中界限融合、难以进行切分的单位，其表明了语言及人类行为是由波组成的；将语言视为场，是对语言单位之间关系的分析，即分析语言单位的功能关系，也就是部分与部分及部分与整体等之间的相互关联。从 Pike 的观点可知，部分与整体是相互关联的场，没有能与整体脱离功能关系的部分，而且这种部分还只能是在社会语境中的相互关联的功能关系的产物，因此语言单位成为某个语言场中的形式与意义的交叉点。在具体社会语境中，同一单位可被视为粒子、波或场，或三者结合而凸显其一，因而观察者要全面理解任何语言单位，就需要不断变换自己对这一语言单位的视角。因此，语法系统的研究维度不仅与粒子相关，也与波、场的特征相关。语法结构可被视为波浪，波浪核心常显示为受话人由发话人引起的注意点；波浪特征可在整个语法单位的等级序列中出现，不仅是词，也可在短语、小句群、段落和语篇层面出现（Pike，1967：12）。

与法位学家 Pike 的语言单位三分相类似，系统功能语言学家 Halliday（1985）提出了语言的三股意义的概念。系统功能语言学认为作为社会符号的语言在不同的符号层级中位于核心的地位，基于语篇的语言同时具有三种本质各异的意义，即概念意义、人际意义和语篇意义。概念意义指语言建构人类经验的客观现实及其之间的关系，是对物质世界的客观描述；人际意义指语言体现人与人的交往互动的主观现实、内心情感、态度、立场等的交互主体间性的建构；语篇意义指具体语境下由概念意义与人际意义的促成（enabling）而产生的语篇实例化。从某种程度上说，索绪尔的风、水、波，法位学的语言单位的粒子、波、场以及系统功能语言学的三股意义之间是“异口同声”的关系，即作为粒子的语言体现观察者的功能，建构客观现实的概念意义；作为场的语言体现调动者（intruder）的功能，建构人际交互现实的人际意义；作为波的语言体现关联的功能，建构符号现实的语篇意义。因此，语言单位或结构具有同时体现人类现实世界不同维度的语言潜势。

2.2.2 布拉格学派的功能句子观与交际动力理论

与 Pike 不同，布拉格学派从句子这个语场来考量成分对波的作用，侧重对句子成分的功能与句法语义分析的结合（钱军，1998）。Mathesius（1975）将陈述句作为句子功能分析的出发点，因为陈述句是最为常见的句型。在陈述句中，说话者对现实的反应体现在句子的主位与述位结构的范围。Mathesius 将其称为陈述的基础与陈述的核心，并认为一个句子包含主位和述位两个不可缺少的基本成分，因而句子分成主位和述位的模式就被称为功能句子观（Functional Sentence Perspective）。当我们谈论某件事情时，若其还未被视为已知的事实，则我们从所陈述的概念整体中预设某个成分是已知的，也就是说将这个概念成分视为自然出现的，并以此为出发点，例如：

例 2－1：

Once upon a time there was a king...（从前有个国王……）

On the bank of a lake a boy stands.（湖岸上站着个男孩）

（钱军，1998）

上句中，a king 是陈述的核心，是未知的概念，而画线部分被视为自然的给定的出现，视为陈述的基础，即出发点。因此，以此类方式开始陈述的表达式被 Mathesius 称为时间限定与空间限定。以空间限定和时间限定来解释某些话语第一句的主位，其依据在于我们叙述所涉及的事物的发生和存在离不开空间和时间（钱军，1998：292）。

在 Mathesius 的主位述位结构的功能句子观基础之上，布拉格学派的另一位核心成员 Firbas（1971）更进一步提出了交际动力（Communicative Dynamism）的理论。交际动力指一个语言成分在实现交际目的的过程中发挥作用的程度（Firbas，1992）。一个句子取向的成分若在句子内实现了交际目的，其就被视为句子内动力值最高的成分。依据交际动力值的高低，Firbas 对主述位结构进行了更为详细的划分。主述位结构内的成分可以呈现出正主位（theme proper）、主位、正过渡、过渡、述位、正述位的依次解释性排列或区别性的成分线性修饰排列。这两种排列类型与 Mathesius 提出的主位－述位结构的客观序列与述位－主位的主观序列有一定联系。解释性排列体现了说话者选择从已知信息出发，照顾受话者的心理活动，其一般归为主观性序列。而线性修饰的概念来自 Bolinger（1952），他认为在理想状态下，随着句子位置的左右移动，意义越来越重要。因而，一个成分表达的已知信息，从交际动力理论来看，其交际动力值较低，对交际发展的贡献不大，Firbas 称之为语境依赖（context-dependent），而如果句子的最后一个成分表达新信息，完成了交际目的，则其交际动力值被视为最高。Firbas（1992）指出上下文、语义结构、线性修饰三者相互作用，共同体现交际动力的分布，因而句子的交际动力值按主位、过渡、述位的线性排列呈现逐步升高的变化趋势，句子成分的划分采用三分法来进行。按照 Firbas 的观点，句子一般由奠定基础与组成核心共同构成，交际的动态性在于二者之间。奠定成分指所有语境依赖的成分，不依赖语境的成分如背景、性质载体功能也可划为奠定成分（钱军，1998）。奠定成分被划为主位，核心建构的成分构成非主位，非主位包括过渡与述位。过渡由体现连接功能的成分构成，本质上是为句子内的主位和非主位建立联系（Firbas，1987：56－57）。从某种程度上说，布拉格学派的功能句子观认为句子不仅是成分的线性排列，也是成分的集合，因此句子是语义关系与句法关系的一个场。

布拉格学派的功能句子观与交际动力理论侧重在句子内对句子成分的动态识解。我们可以认为，Pike 的语法分析更强调语言成分的多维视角，因而语言单位同时体现粒子、波、场的特性，这些特性构成一个语言单位的法位。而功能句子观与交际动力理论强调作为粒子的句子成分在信息传递方面的动态性，尤其是从以句子为场出发来考察句子内部的不同位置上的语法成分所具有的信息传递的动态值，以体现交际目的为落脚点。同时功能句子观与交际动力理论也考虑作为韵律的语调，语调变化体现信息核心的建构，承载高低不同的交际动力值，无疑为系统功能语言学的主述位结构、信息结构概念提供了理论基础。

2.2.3　系统功能语言学的信息波

Pike 将语言视为粒子、波与场来表征语言的系统特征，每一维度都揭示出语言系统的不同事实（Halliday，1978：139）。系统功能语言学借鉴 Pike 的语言单位三分的做法，将意义表征视为不同载体的属性，三种意义模式被称为元功能。人际意义建构社会现实，是被视作韵律的语言；概念意义建构物理和生物现实，是被视为粒子的语言；语篇是符号现实，是被视为波的语言。三种意义模式将语言与社会语境的交际界面组织起来。因此，现实由意义组成，意义本质上是不定的与无边际的事实，是人类思想、哲学、宗教、科学的催生物（Halliday，1978），因而其强调现实的、动态的、波状的、不断再结构化的、无反复的、周期性的、时空连续性的符号方面的特征。由此可知，符号之间的关系与符号象征的事物之间的关系是没有差异的，因为二者都是同一次序的，即事物和符号都是意义。因此现实任何方面都可以被重塑和还原为有次序的符号运作的事实，这与作为意义的事实的观点是一致的，因为意义的某些方面，即作为符号事实建构的语篇意义，也是这样。

如前所述，系统功能语言学的主位概念源于布拉格学派的功能句子观。布拉格学派最初主要基于信息的已知度分析斯拉夫语，因为斯拉夫语的词序比英语更灵活多变（Danes，1974；Mathesius，1975）。词序与话语中的每一个成分的告知性作用相关，即交际动力。句子从最低的交际动力成分开始，以最高的交际动力成分结束，因而主位是交际动力最低的话语成分，而交际动力最高的句子成分位于述位部分之中。受布拉格学派的主述位等概念的影响，系统功能语言学者以说话者为出发点审视主位信息，将语篇的发展方式视为主位的推进模式（Fries，1981，1994，1995）。在布拉格学派看来，主位是一个句子的话题，或者说是句子叙述的对象，但在系统功能语言学中，主位概念大于话题，其不仅包含话题，也可以包含非话题性的其他位于小句句首的成分。从这种意义上说，在系统功能语言学中"波"的概念从一开始就体现出自身的符号性本质，即被视为波状的语言是对作为粒子的语言与作为韵律的语言的符号调配（symbolic play），体现于语篇的符号现实，即语篇意义，而语篇意义又与概念语义、人际意义位于同一层次。就语篇意义而言，语篇是信息流动，更准确地说，是信息波（Halliday & Matthiessen，2014：45）。这些波浪形式从整体语篇通过修辞段落延伸到小型（local）波浪，即小句的消息（message）与信息单位，体现于小句的主述位结构、信息结构、衔接系统。

小句是三种不同语义的负载单位，三种不同的结构各自体现一种语义组织，并且相互映射，从而产生某个措词。Halliday（1994）指出主位是小句中位于句首的第一个经验意义成分，其余归为述位，因而主位作为信息的出发点，在小句所处的语境中给小句定位及导向。小句作为信息结构，由主位与述位组成，由二者之间的顺序表达，即任何作为主位的结构在小句中都是被前置的，作为信息的小句体现主位与述位之前的信息流动，即小句的信息促成。信息是能体现语篇的语类结构的某个成分的最小单位（Hasan，1991），是由词汇语法单位，即小句体现的，尽管体现关系不是一一对应的。Hasan（Cloran，1995：362）指出信息由小句体现，这样的小句具备两个特征来服务于这一功能：一是级阶的，即非嵌入的；二是非投射的，也就是说，由投射小句与被投射小句组成的词汇语法单位只被视为一个信息。

在这个意义上说，尽管系统功能语言学继承和接受了布拉格学派的功能句子观，但不同的是，首先，在主位结构中，系统功能语言学采用二分法，更突出强调主位的语义角色，比如 Mathesius 的主位述位结构的客观序列与主观序列在系统功能语言学中被转化为标记与无标记主位的概念，一旦主位被确定，述位也就被确定了。其次，系统功能语言学认为在所有的语篇流动中，小句具有信息或信息块（quantum of information）的特征，其具有某种适应及促成语篇流动的组织形式，但是在不同的语言中体现的方式各异。在英语中，作为信息的小句组织主要在于小句的主位部分，主位与剩余的述位部分共同构成作为小句的信息。英语小句中被编码的语篇意义的波状起伏运动在某种意义上说是其表征的自然形式，其仅提供每种意义表征中的一般性趋势的一个具体实例。因此在无标记情形下，作为信息的小句是从凸显到凸显的运动，即句首主位向句末述位的信息移动，一个减弱的凸显接续为渐强的凸显，但是这样的凸显分属两个不同的种类。从主位出发的移动到非主位的移动属于减弱的移动，从非新信息的移动到新信息的移动是渐强的移动，但是主位不同于非新信息，如同新信息不同于非主位，这是两种移动，而不是一种，如图 2-1 所示：

例 2-2：

In any case James couldn't handle this kind of ship.

主位	述位
已知信息	新信息

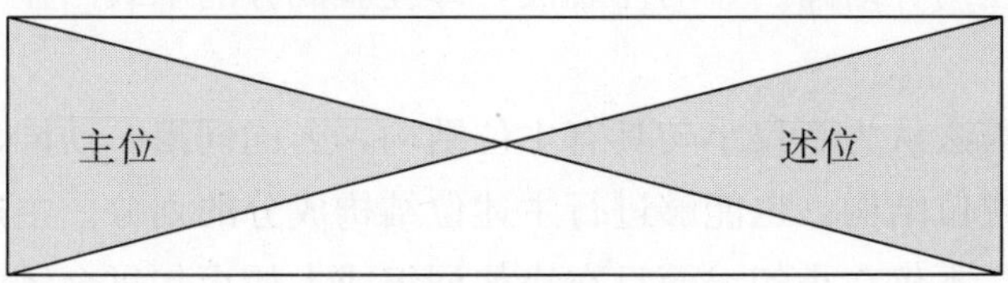

图 2-1　作为波的语篇意义

如上例所示，主位一般是说话者取向的凸显，语法学家所谓的心理主语，即“我要谈论什么”，而新信息一般是受话者取向的凸显，即“我所呈现的对你而言是未知的、新的”。在英语中，小句通过由说话者凸显向受话者凸显的转移来组织（textured）。信息系统与主位系统的这种关联形式引导语篇的读者，“这种潜在的话语韵律依靠语法中流动的其他意义产生流（current）得以调节，依靠更大规模的起伏得以涌动”（Halliday，1998a：204），从而提供基本的符号脉冲，因此脉冲或波是音调序列使用的抽象阐释。

再次，系统功能语言学认为主述位的两种类型移动的载体也不相同。Halliday（1994）将小句句首的第一个经验意义成分视为判断主位移动的单位划分依据，因而主位经验意义的粒子性成为信息凸显的基础，而述位的判断与主位有别，并不以经验意义的粒子性作为述位判定的语法依据。严格来说，主位在何处结束与述位在何处开始的二分法存在一定的主观任意性，即主位与述位的明确界限存在一定的模糊性，这是由于述位以小句的韵律为界定标准，韵律不同于粒子，其界限是模糊的、不定的、渐变的。在无标记情形下，当主位部分的由强及弱的移动结束时，述位部分的由弱及强的移动便得以展开，如图2—2所示：

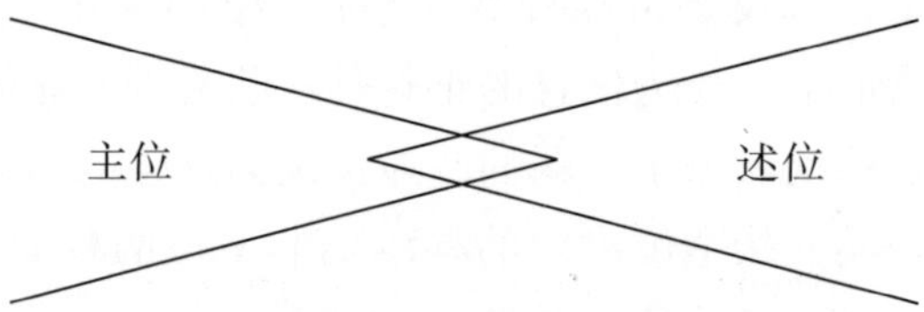

图 2—2　主位与述位的移动

主位的选择体现了说话者对受话者的信息出发点的选择，而述位部分的信息焦点则体现了说话者对受话者呈现的新信息选择。新信息的选择不是由述位部分的经验意义体现的，而是由说话者的声调凸显体现的。主位凸显的波峰体现于序列凸显的选择，即小句中的靠前位置，而述位中的新信息波峰凸显取决于声调群中主声调产生的音位移动（Matthiessen，1992）。因此，在小句的主述位结构中存在两种语篇凸显的体现极，即经验成分的承载凸显与声调移动的韵律凸显。

系统功能语法认为不仅小句具有主位结构，名词词组、动词词组或介词短语同样也具有主位结构，也能够进行主述位结构成分的划分。主述位结构是英语的突出特征，不仅在小句，而且在小如词组或大如小句复合体的结构中都呈现出“分形”的型式（Halliday，1998a：378）。然而，在作为信息的小句中，就语篇元功能的波状体现方式而言，主位述位的界限划分还有待考量，因为波峰和波谷的分界点必然存在一定的任意性与主观性（Martin，1992：151）。不同的系统功能语言学者对主位界限的成分划分有所不同。Fawcett（2007）提出了多种主位类型，认为在图表分析的表征中，述位与留作空格的处理方式一样，没有存在的必要与意义。Matthiessen（1992）认为主位界限的划分在小句层面，除了标记性的主位成分以外，充当参与者的主语也具有一定的主位性，宜划入主位的范畴。Butler（2003：114）认为主位是按照功能而不是依据句首位置进行划分的。胡壮麟（1996）认为只有概念主位，即句子的主要成分才能穷尽小句的主位意义，如主语、谓语、补语、状语等。Fries（1994：234）认为 Halliday 的述位概念过于概括，包括了所有主位之外的内容。Berry（1996）认为主位应该延伸至包括小句谓语动词本身，或包含主语，即使主语之前存在标记主位。黄国文（2001）通过对英语中的一些实例分析，认为英语中存在着“重合主位”的结构，其主要体现形式有三种，即 wh-疑问成分、wh-关系成分、照应成分。杨炳钧、罗载兵（2012）认为 Halliday 对主位、述位的划分标准不一致，并按照功能的原则提出了多重述位的概念。

归根结底，以上系统功能语言学内部对于主述位界限的争论与分歧都是在小句的范围之内，这些不同观点体现了是将主位作为粒子还是作为波的本质看法的差异，尤其是在主位成分的划分方面。比如多重主位的概念，当语篇成分、人际成分出现在经验成分之前时，主位划分至靠近句首的第一个经验成分为止，整个主位部分包括了语篇成分及人际成分，这表明主位的概念粒子性特征。但是 Matthiessen，Eggins 等学者则认为主位应当包括标记性主位之后的小句主语，主位不是话题，而是信息的导向（orienter），即主位给受话者或读者确定将要识别的信息的方向，提供信息解读的框架。我们认为这体现了主位作为波的本质特征。

最后，主位推进体现篇章展开的发展方式，每个语篇及其段落都包含主位结构。Danes 认为语篇间的主位结构包含主位间的衔接、指代、领属等关系以及情景语境或上下文之间的连贯关系，这种复杂的主位关系被称为“主位推进”；进而其提出了主位推进的三种常见类型，即线性主位推进、连续主位推进、派生型主位推进（Danes，1974），因这三种类型可以混合推进，随后又增加了两种类型，即分裂述位推进类型与跳跃主位发展类型。在此基础之上，众多语言学家们经过大量的真实语篇分析，大致概括出语篇中主位推进的几种模式，其中主要有主位相同型、述位相同型、梯形、交叉型，如图 2-3 所示：

主位$_1$—述位$_1$
|
主位$_2$（=主位$_1$）—述位$_2$
主位$_n$（=主位$_1$）—述位$_n$

（1）主位相同型

主位$_1$—述位$_1$
|
主位$_2$（—述位$_2$）（=述位$_2$）
:
主位$_n$—述位$_n$（=述位$_1$）

（2）述位相同型

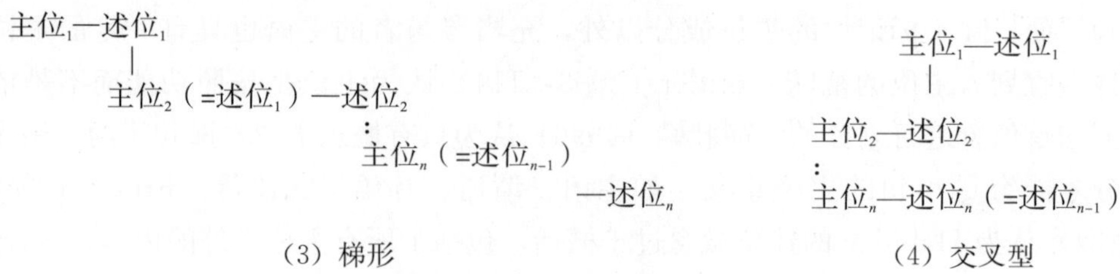

图 2－3　主位推进模式

上述几种主位推进模式是英语语篇中的理想情形。事实上，不同的语篇类型有不同的主位推进模式，大多数真实语篇往往是几种模式的交叉混合，而不仅是以某种单一模式为主导。除此之外，不同的系统功能语言学者对主位推进模式的看法不一，如 Eggins（2004：325）认为英语语篇中主要存在两种主位推进模式，即之字形与多层述位型，如图 2－4 所示：

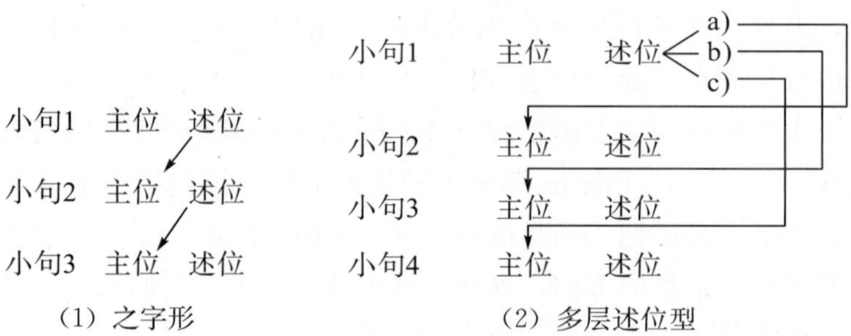

图 2－4　之字形与多层述位型

国内学者徐盛桓（1982）认为主位推进模式具有四种类型，即平行性发展、延续性发展、集中性发展、交叉性发展。黄衍（1985）在参照各家模式的基础之上提出了七种主位推进模式，第一种类型为第一句的主位为主位，以此引出不同的述位；第二种为前句的述位成为后句的主位，主位又引出新的述位，依此延续；第三种为第一句的述位为述位，不同小句的主位为同一述位；第四种为第一句主位为第二句述位，第二句主位为第三句述位，第三句主位又成为第四句述位，依此类推；第五种为一、三、五……句主位一致，二、四、六……句主位相同；第六种为第一句主位为各句主位；第七种为主位与述位没有明显联系。可以发现，一般小句都具有主述位结构，在独立小句中，主位与述位是确定的，没有推进，但是在多个小句组成的语篇中，主位与述位之间的变化体现的主位推进具有某种谋篇的作用，主位推进因而是语篇发展的主要脉络。

在 Halliday 的小句语篇语法的基础之上，系统功能语言学的另一集大成者 Martin 进一步将主述位的概念扩展到小句之上，即超越小句的语篇语义学。主述位结构在语篇语义层面主要是在语篇的格律（periodicity）范畴内进行讨论的。语篇格律关注信息流动，即意义打包而更便于理解的方式（Martin & Rose，2003：175）。Halliday，Pike 等人采用“波浪”这样的隐喻概念来描述此类信息流动。波被用来描述语篇中弱凸显波谷向强凸显波峰移动的架构（framing），因而语篇通过旗帜式的塑造产生某种期待，通过回顾总结对其加以巩固，而语篇格律就是指这些期待在语篇中被建构为信息波峰，以及实现此类期待的意义在信息流动的过程中被视为多米诺效应的规律性。Martin & Rose（2003）在 Pike，Halliday 的信息波概念之上进一步对语篇中的信息波进行细化、扩展，分别提出了小波、中波、大波的等级性概念。

系统功能语言学从语篇意义的功能角度将小句自身视为信息波，小句句首的凸显波峰视为主位波，小句末尾的主声调移动凸显视为新信息波；反复的主位选择和相关新信息选择一起将语篇打包为不同的信息相（phase），因而小句层面的主位波与信息波被称为“小波浪”。作为主位和新信息选择的语篇打包也可在更大语篇范围得以体现，这些打包形式能够对每一语篇阶段进行预测，并对每一语篇阶段呈现的信息进行提炼，因而当主位打包选择在段落层次上发生时，就形成中波，即语篇段落的超主位与超新信息。超主位对即将展开的语篇语义进行预测，超新信息对已展开的信息进行提炼，因此中波中的超主位告知读者或受话者将要出现的预期主位形式，而超新信息对先前的信息形式进行巩固强化，告知读者或受话者信息已经推进到语篇的某一阶段。Martin & Rose（2003）认为在很多书面语篇中，主位波和新信息波还超越小句及段落，出现在更大的语篇中，因而预测超主位的更高一级层次的主位被称为宏观主位，更高一级的新信息被称为宏观新信息，依此还可出现更高一级的主位与新信息波浪，这取决于语篇中信息的阶段复杂性，因而宏观主位与宏观新信息构成语篇的大波浪或称为浪潮，如例 2－3 所示：

例 2－3：

Macro Theme^{iv}

What about justice?...

macro Theme^{iii}

So is amnesty being given at the cost of justice being done? This is not a frivolous question, but a very serious issue, one which challenges the integrity of the entire truth and reconciliation process.

The act required that where the offence is a gross violation of human rights—defined as an abduction, killing, torture or severe ill-treatment—the application should be dealt with in a public hearing...

Thus there is the penalty of public exposure and humiliation for the perpetrator.

macro Theme[ii]

The South Africa Broadcasting Corporation's radio team covering the Truth and Reconciliation Commission received a letter from a woman calling herself Helena...

Macro theme[i]

My story begins in my late teenage years as a farm girl in the Bethlehem district of Eastern Free State...

hyper Theme

After about three years with the special forces, our hell began. He became very quiet. Withdrawn...

macro New

I end with a few lines that my wasted vulture said to me one night...

(Martin & Rose, 2003)

上例中，由于语篇的信息阶段的不同层级性，宏观主位多次出现，不同层级的主位建构了语篇的推进方式，同时不同层级的新信息体现了语篇推进的要点，即语篇中语场的概念意义的扩展。因此，小句层级的小波，语篇段落层级的中波，超语篇段落层级的大波三者就形成了不同语篇层级范围的浪潮，如图2－5所示：

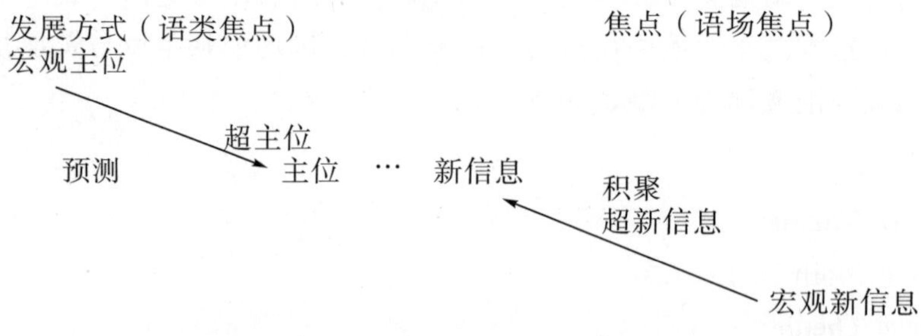

图2－5　语篇中主位与新信息的层级（Martin & Rose，2003）

综上所述，就语篇研究和语篇意义而言，语篇是一个持续过程，语篇与环境之间存在持续迁移的关系，既是纵聚合的也是横组合的。横组合环境、情境语境（包括语义环境，作为语义结构来阐释）整体上可被作为语篇常量，但是其事实上是持续变化的。系统功能语言学认为语篇的这种持续的不确定性不能被视为某种附属之物，其每一个部分接着作为下一个语篇的环境。因此，语篇持续变化的过程一直修改着使其产生的系统，这就是语篇的纵聚合环境。Halliday（1978）指出，当前语言学理论还处在粒子性（particulateness）作为标准的阶段，大量不同的与不太明显相关的概念被用来处理其非粒子性方面。一旦将横组合与纵聚合环境联系起来，关注作为现实化的语义潜势的语篇，动态的不确定的意义本质就将涌现为思维的支配性模式，因此语篇的本质特征是互动的（Halldiay，1978：140）。

Halliday 等系统功能语言学者在借鉴吸收法位学者 Pike 的粒子、波、场的观点，布拉格学派的功能句子观及交际动力理论的基础之上，将被视为波浪的语言纳入小句的语篇意义维度进行考察，强调信息波的主位性与信息性；以 Martin 为代表的悉尼学派进一步拓展小句的信息波概念，认识到 Halliday 的小句结构的主述位分析与更高层次语篇组织的周期型形成共振，将其扩展并入语篇语义层面，以此阐释语篇结构发展的规律性，这充分体现了系统功能语法为英语语篇分析提供一种语言学分析模式的宗旨。尽管系统功能语法在小句与语篇层面进行语篇功能分析时存在一定的不完善之处，但是语篇功能本身却处理了形式语义学、认知语义学等语义理论未能触及的语义问题。从这个角度说，语篇意义的理论贡献体现了系统功能语法的优越之处（Matthiessen，1992）。

2.2.4 合法化语码理论的语义波

近年来，新伯恩斯坦学者 Karl Maton 创立了合法化语码理论，该理论的五大原则受到了系统功能语言学学者的极大关注。Martin & Maton（2017），Maton & Doran（2017c）较详细地回顾了系统功能语言学与伯恩斯坦教育社会学关于知识结构概念的对话与研究历程。以 Freebody，Maton 为代表的伯恩斯坦社会学者和以 Martin 领头的悉尼学派学者共同参与了由澳大利亚研究委员会资助的跨学科性研究项目“学科性、知识与学校教育”（Macnaught，Maton，Martin & Matruglio，2013）。该项目以合法化语码理论与系统功能语言学作为互补性理论框架，旨在研究中学教育的累积性教学。该项目分为三个阶段，数据收集阶段采集了澳大利亚南威尔士州的城镇与乡村学校的 8 年级科学、11 年级生物、古代历史、现代历史等学科的 100 节课的视频录像资料。第二阶段采用合法化理论及系统功能语言学理论对澳大利亚不同地区的学校的学科课程材料、教学语篇、课堂互动、学生作业等进行了大量的语篇分析。第三阶段通过分析得出对教师培训进行教育干预的基础依据，以求让教师明白如何与学生共建产生知识建构的语义波，进而教授产生语义波的语言资源。该项目依据合法化语码理论的专门化、语义性、时间性等原则，研究课堂话语如何调解教育知识的书面形式，对教师培训和支持进行教育干预，不仅揭示课堂话语中知识建构是如何被制约与促成的，以求提高学习者的识读水平，而且理论上对系统功能语言学及伯恩斯坦教育社会学均有所助益。

合法化语码理论的语义波是其语义性原则下的一种语义框架。合法化语码理论的语义性原则起源于与系统功能语言学的对话与合作，尤其是系统功能语言学的语法隐喻和技术性的概念（Maton，2011），其表明语义波是由语义引力（Semantic Gravity）和语义密度（Semantic Density）两个变量同时变化呈现的一种起伏性语义框架。Maton（2014a，2014b）详细介绍了合法化语码理论的专门化原则与语义性原则。就语义引力与语义密度的相互关系而言，Maton（2013）给出了一个具体的实例：生物学科中的特定植物名称或历史学科中的特定事件比某类植物或某类历史事件体现更强的语义引力，而后者又进一步比诸如光合作用或历史因果等过程体现更强的语义引力——语义引力体现为一个无尽分级的连续统。相比之下，符号或实践的语义密度与其所处的语义结构相关，Martin（2013）用生物学科的专业词汇“Cilia”进行了具体的解释，他认为在研究性出版物中“Cilia”被表征的语义密度高于学校教科书中的“Cilia”的语义密度，后者又高于课堂话语中“Cilia”的语义密度。因此，语义密度取决于在语义结构中的意义聚集的程度，而不是某个词项的内在固有的意义。Maton & Doran（2017a，2017b）从措词化、小句化、序列化三个维度提出了语义密度的转化手段，而语义引力的转化手段当前还在探索当中。

合法化语码理论的语义波相关研究大多聚焦于某一学科场域，关注学科性知识结构的语义性、专门性、累积性学习与知识建构的相互关系。Georgiou et al.（2014）依据语义引力的原则对科学教育中大学生的物理学科的学习作业进行质性分析，说明合法性的回答取决于具体的语义依赖范围，结果表明知识组织原则提供了一种改善科学教育的方式。Morgan（2011）基于学习者语料库，从语义引力的角度分析了大学生学术写作中元话语与命题内容的关系，认为学术写作既是和读者互动，也是与命题内容互动，但是大学生未充分掌握论证资源，从而缺乏与读者互动的意识。Humphrey & Robinson（2012a）在合法化语码理论的语义波概念基础上，建构了知识发展与学术识读的 4×4 的分析框架，为教师及学生提供了语言学习的评判标准。Blackie（2014）分析了化学教学中语义波的建构，认为语义引力是抽象化程度的表征，语义密度是复杂性程度的表征。Clarence（2014）依据语义性原则对法律学科教学的累积性学习与累积性知识建构进行个案分析，分析了知识形式的语义波起伏移动特征，说明法律专业学生知识迁移的症结在于语义鸿沟。Dong，Maton & Carvalho（2015）分析了设计课程的知识结构化过程的专门化与语义引力，认为对结构化知识组织原则的专注有助于明晰设计实践与累积性知识建构的获得与调解。Matruglio（2014）在合法化语码理论与系统功能语言学的对话框架下，从语义性原则与评价理论出发，分析了高中生人文学科书面语篇的知识结构化与人际意义的建构过程，以此表明人文学科的人文性本质及人文学科语篇的教育意义。Martin（2012a，2012b）从合法化语码理论与系统功能语言学合作的框架出发，主要依据专门化原则、语义性原则、评价系统分析了爵士音乐语篇的表征、评价与合法化及多模态音乐语篇的语义波，认为音乐特质、音乐教育与经历是合法化的音乐知者。Vorster & Quinn（2015）从合法化语码理论的语义性原则出发，分析高等教育中学术发展场域知识的塑造，就累积性学习与知识建构而言，知识建构需要波状塑造，累积性学习需要对不同模块的知识进行语义编织（semantic weaving）。

除此之外，Maton（2013）指出合法化语码理论的专门化原则在各独立研究中存在未能解决的语境依赖与语义压缩的问题。语境依赖与语义压缩的问题在伯恩斯坦的语码理论、教育话语、知识结构理论中是在二分类型内重合的。伯恩斯坦关注的是社会结构的内化，而不是官方允准的知识等级的生产原则（Hasan，2002），因而其语义性的组织性原则需要抽象概念化。在与系统功能语言学的合作对话过程中，合法化语码理论的语义性原则提出了如语法隐喻之类的语言特征在知识建构实践中如何进行表征的问题，这些因素都催生一个互补性的理论框架来诠释事物或现象的新方面。

2.2.5　语义波的时间性

时间性也是合法化语码理论的五大原则之一，是依据时间特征探析社会实践的维度，其组织原则由时间定向（Temporal Orientation，TO）与时间定位（Temporal Position，TP）构成，其强弱变化体现不同的时间语码，表征为（TP+/−）与（TO+/−）（Maton，Hood & Shay，2016）。时间性在合法化语码理论的语义波中发挥着重要的作用，因为语义引力与语义密度随着时间的展开而呈现不同的语义移动，产生不同的语义波动变化。Lomas（1993：20）

指出，“没有时间顺序，就不能真正理解变化、发展、持续、推进与倒退”。而Coffin（2006）则认为时间性揭示了语义波的阶段性，其主要进行了中学历史学科教学过程中的时间性研究。Coffin 审视了主要的线性时间与周期性时间的概念，以及二者同历史学中的变化与持续的相关性，并讨论分析了衡量事件的主要时间结构（construct），因为宏观概念与宏观结构不仅是历史学家审视过去的基本方式，而且也有助于弄清学生在写作中是否成功掌握这些时间结构概念。Coffin 依据 Adam（1995）对于时间的看法，将线性时间描述为可分成独立单位的抽象的空间额度，它是二维线性的方向性的移动或从过去向未来延伸的持续，而周期性时间概念出自对自然过程的观察。人、动植物产生、存在、消亡的自然循环过程隐含着同一与重复，支配着前进与累积性推进变化的概念。由于行为循环往往涉及随时间推进而保持不变的反复的人类行为，所以周期性时间概念与持续性相关。

除此之外，Coffin（2006）还认为历法、年代等时间的宏观结构在人们对过去事件的时间性理解及安排中发挥了核心作用，因为这些宏观结构提供了事件定位、参照以及记录的手段，提供了过去如何被解释及讨论的框架。在“正确地写作”这一识读研究项目中，Coffin 基于对历史学学生的写作语篇的语类分析，认为历史写作的主要目的是记录过去、解释过去及争论过去。这些不同语类依据所采用的时间资源来表明其重要性，如记录语类中事件展开常围绕外部时间来组织，而解释语类与争论语类常按照内部时间来组织。

在系统功能语言学的框架下，Coffin 提出了六类识读语义组织的时间性方法，即排序、分割、背景安排、时间持续、分段、组织。

排序指在前后事件连接的时间逻辑中事件的线性开展，包含即时性与紧随性关系，如例 2－4：

例 2－4：

（即时性类型）(a) <u>When</u> we got on the plane（事件一），I waved to them and started crying（事件二）.

（紧随性类型）(b) After Macquarie had been sent back to England（事件一），Greenway received only limited work from the new Governor，Thomas Brisbane（事件二）.

Coffin 指出，即时性事件之间具有某种程度上的重合，而紧随性事件之间前事件随着后事件的展开而结束。体现即时性与紧随性事件排序的主要语言资源有：(1) 时间连词与依赖小句，(2) 外部衔接附加语，(3) 过程，(4) 序数词。

分割指时间被划分为不同的时间节点，这些时间节点可聚集相对小的节点或包含更大的重要的时间节点。体现时间分割的主要语言资源有名词化、名词词组或个别特殊词汇，如 Industry Revolution，the Golden Age，WWⅡ。

背景安排指某个时间点上的事件定位。与时间排序相比，时间的背景安排不必体现为事件之间的序列流动，而时间分割常被整合为时间的背景安排的一种，如 after the Middle Ages...，主要的词汇语法手段是表处所的时间环境成分，如 in 1931，soon after the WWⅡ。

时间持续指事件的持续时间长短，可以通过标准的时间单位来衡量，也可以采用不太确定的方式，主要的持续性时间语言资源为时间持续环境成分，如 for 4000 years，for a long time。

分段指一般被用来识解事件或活动的开始、持续、结束等阶段的时间资源，这些时间资源具有唤起重复的活动形式的潜势，因而有益于持续性的概念，同时也是时间分割的手段，主要的分段语言资源有过程、名词词组、环境成分、连接附加语。

组织指时间在语篇修辞组织中的作用，主要的时间组织语言资源有内部连接附加语与内部序数词，如 firstly 与 first。

Coffin 的历史学学生语篇分析说明了中学阶段历史学科学习成功的学生需要从按照时间顺序描述过去的历史事件向更复杂的具有重要作用的事件分析转变，尤其是需要懂得如何超越个人认识或生活经验的时间使用；随着学生对历史话语的逐渐掌握，受个体主观影响的时间认识被约定一致的客观公共的或社会性的时间认识超越。与此同时，个体的时间识解朝向更机构化的时间理解转变，从而个体的时间识读能力得以提高。Martin（2002）也赞同 Coffin 的观点，认为排序与背景安排的关键在于时间的打包，即从系列事件向分段的移动，从而进一步通过名物化的手段进行区分。此过程表征了从典型的口语化话语向典型的书面化话语的转变。

与 Coffin 类似，Matruglio，Maton & Martin（2013）认为时间移动是语义波产生的一个重要策略，时间移动能促成陌生语篇所处的历史语境在讨论中向当前语境的时间转化，从而降低语义密度，增强语义引力，形成下降的语义框架，促成累积性的知识建构。Matruglio 等人发现历史学科中学生除了需要从个体主观时间识解向机构化时间识解跨越之外，其还需要跨越历史语篇中作者个体取向的时间识解，这就需要学习者首先进入语篇时间，然后跳出语篇时间来阐释语篇对当前语境的意义。因此，课堂话语中书面语篇与口头解释之间的语义移动部分地表征了历史由过去向当前语境的时间推移。教师的课堂话语解包搭起了当前现实与语篇资源表征的过去世界之间的桥梁，从而过去向当前语言的时间移动是语义密度降低、语义引力增强的策略之一，形成语义刻度下移的语义框架。

不过，Matruglio et al. （2013）也同时指出，尽管时间性可作为促使知识话语的语义刻度下移的策略，但是生物学科与历史学科中的时间性如何促使语义向上移动需要进一步研究，因为语义波是语义移动随时间推移在语义刻度上下波动的语义框架，课堂话语或学科性话语的知识传递需要经过上下的语义刻度移动的语义波才能促成学生的累积性知识建构。对于语义波的时间性而言，国内学者朱永生（2015a）认为 Coffin，Matruglio 等人的时间性的例证都是明晰的，而时间性也可以是隐性的。隐性的时间性和明晰的时间性一样，都应该被看作语义波的形成机制，“没有特殊的原因，则先发生的事先说，后发生的事后说”（朱永生，2015a：53）。

2.2.6 语义波的空间性

空间与时间都是物质运动的存在形式。时间性指物质运动的持续性与顺序性，空间性指物质的广延性或伸张性。朱永生（2015a）从空间性这一变量出发提出了语义波的空间性形成机制。根据朱永生的观点，空间的广延性或延伸性指事物在移动过程中向前后、上下、左右延伸的特性，相应的语言表达呈现由外到内、由上到下、由中心到周边、由整体到局部的空间变换顺序，以阐释说明物质的结构或特点，反过来也同样。空间性包含空间定位与空间定向两个变量。空间定位指对某个事物存在或发生的具体地点进行确定，其性质是静态固定的；空间定向指对事物运动的方向进行确定，其性质是动态游移的。对空间定位与空间定向的选择取决于说话者对事物静态或动态空间关系的取舍。如例 2—5：

例 2—5：

风吹着杨柳嘛，唰啦啦啦啦啦啦，小河里水流着，哗啦啦啦啦啦啦。谁家的媳妇，她走呀走得忙呀，原来她要回娘家。身穿大红袄，头戴一枝花，胭脂和香粉她的脸上搽。左手一只鸡，右手一只鸭，身上还背着一个胖娃娃呀，咿呀咿得儿喂。

一片乌云来，一阵风儿刮，眼看着山中就要把雨下，躲又没处躲，藏又没处藏，豆大的雨点往我身上打呀，咿呀咿得儿喂。淋湿了大红袄，吹落了一枝花，胭脂和花粉变成红泥巴。飞了一只鸡，跑了一只鸭，吓坏了背后的小娃娃呀，咿呀咿得儿喂。哎呀，我怎么去见我的妈。

（邓丽君《小媳妇回娘家》）

例 2—5 由两个段落构成，第一段中的画线部分“身”“头”“脸上”“左手”“右手”“身上”体现出作者的静态空间的定位取向，构成了歌词推进的空间关系链式的语义波。第二段呈现为以时间性为主的语义波，同时伴有“山中”“往我”这样的空间性语义词项。在不同情形下，空间性可以是语篇唯一的语义波形成机制，但是在有些语篇中不是唯一的形成机制，其可能呈现不同机制的混合使用，请看下例：

例 2—6：

小时候，乡愁是一枚小小的邮票，我在这头，母亲在那头。

长大后，乡愁是一张窄窄的船票，我在这头，新娘在那头。

后来啊，乡愁是一方矮矮的坟墓，我在外头，母亲在里头。

而现在，乡愁是一湾浅浅的海峡，我在这头，大陆在那头。

（余光中《乡愁》）

例 2—6 是余光中的《乡愁》，该语篇中语义波的向前发展主要在于时间和空间的交互。时间型语义波主要体现在该诗先后出现的时间词语：“小时候—长大后—后来—现在”，这个时间关系链构成了四个不同的时间型语义波，以情景推进的顺序展现了从年幼到结婚、丧母和年老的时间轨迹。而空间型语义波主要在于该诗最后一行的表示反义空间定位的词语：“在这头—在那头”“在这头—在那头”“在外头—在里头”“在这头—在那头”。这四组反义空间定位形成的空间关系脉络与“我—母亲”“我—新娘”“我—母亲”和“我—大陆”四个人际关系脉络共同贯穿整首诗，“刻画了不同人生阶段的不同乡愁，虽是亲人却难以相见甚至阴阳两隔，令游子遗憾终生”（朱永生，2015a：56）。

不难看出，该首诗中的时间型语义波与空间型语义波的共鸣极大增强了诗歌的感染力，但同时，对该首诗进行主述位结构分析，也可以发现，时间型语义波与空间型语义波都选择了相类似的主位推进模式，即时间型语义波采用标记性主位推进模式，而空间型语义波采用无标记述位推进模式。在某种程度上说，主位波、时间性语义波以及空间性语义波三者共同推进，形成了某种谐振效应，从而塑造了该诗的极强感染力。正如朱永生（2015a）所说，空间性可以与时间性等机制共同作用将语义波向前推进。

2.2.7 系统功能语言学对语义波的改造*

在与合法化语码理论的对话中，系统功能语言学者 Martin（2014）通过考察古代历史学课堂话语，依照系统功能语言学的元功能，对语义引力与语义密度的概念进行了语言学的改造（Martin & Matruglio，2013；Martin，2014），提出了存在（presence）与质量（mass）的概念（Martin，2011，2014；朱永生，2015b）。从元功能视角出发，Martin & Matrugolio（2013）指出语境依赖与语篇元功能的外部参照及语篇格律相关，如一般参照、特定参照、主述位等级等；就人际元功能而言，语境依赖与情态责任的协商度有关，如主语人称、时态选择等；就概念元功能而言，语境依赖和语场发生与语篇识解的象似性程度相关，如序列关系、参与者识解、逻辑联结等。

从跨元功能的角度出发，Martin 指出存在对应于合法化语码理论的语义引力，意指意义对应于语境的依赖程度，质量对应于语义密度，表示语境下意义的压缩程度。从元功能来看，质量体现于概念的技术性、人际的图标性、语篇的内聚性三方面，而存在则与概念的象似性、人际的可协商性、语篇的隐含性相关（Martin，2014；朱永生，2015b）。也就是说，质量是对语义的描述，存在是对语境的描述。一般说来，技术性、图标性、内聚性与语义质量呈正比；同样，象似性、可协商性、隐秘性与语境存在也呈正比。与 Martin 基本类似，在考察中小学物理教科书的知识建构上，赵清丽（2014）也从系统功能语言学的视角对语义引力与语义密度进行修正分析，基于语篇层次，其主要从指示性、争论性、象似性三方面分析了语义引力，从语义晶化（distillation）的维度分析了语义密度。而 Martin（2013）从系统功能语言学的语场出发，提出了作为意义的知识建构的“权力三角”（power trio）概念，即权力词汇、权力语法、权力写作。所谓权力词汇指语篇中的学科性技术词汇，具有相对较强的语义密度；所谓权力语法指建构语法隐喻的权力知识；所谓权力写作指在语篇语义层面建构“修辞三明治”，即告诉读者将要写什么，然后分述，最后回溯所述的三层级周期性。在 Martin 看来，权力三角可被视为建构语义波的语言资源。

综上所述，系统功能语言学对合法化语码理论的语义波改造体现了在去语

* 本节及 3.4.4 节内容是笔者作为第一作者的论文《论语义波的三维分形模型：合法化语码理论与系统功能语言学的界面研究》（载于《外语与外语教学研究》2017 年第 2 期）的一部分。

境化的意义与语境依赖的意义之间的移动，突出了在抽象化的意义与复杂性的意义之间的移动。系统功能语言学的语义波改造分析强调了意义的移动是如何与复杂性语言资源的调用相关的。

2.2.8　语义波的有关问题

系统功能语言学与伯恩斯坦教育社会学的对话传统孕育了语义波的概念。以哲学、社会学、教育学和语言学等许多学科的研究成果为基础，本着现实主义的态度，合法化语码理论的语义波概念继承并发展了伯恩斯坦教育社会学理论，尤其是知识结构、分类、架构等概念。同时受到系统功能语言学的语法隐喻、技术性等概念的启发，Maton 首次指出了语义波的起伏性特征，这是合法化语码理论的语义性原则的主要创新之处。就合法化语码理论本身的语义波概念而言，其是典型的语境取向的，目前其主要关注知识实践与社会语境的关系，因而语境与知识是语义波衡量的标尺，语义引力体现语境与知识实践的关系，而语义密度体现知识实践中意义之间的关系，即伯恩斯坦教育话语的“外部语言”与“内部语言”。语义波是语义引力、语义密度连续高低变化呈现的语义框架，语义波的语义框架成功地跨越了知识建构的语义鸿沟，促成知识累积性建构。但就具体语篇中语义波的转化手段而言，语义波的判断还需更显性的识别途径，譬如，语义框架的出发点与落脚点的客观化判断，尽管语境中知识形式的相对变异特征体现出了语义波的起伏移动，但是其语义框架的建构目前缺乏客观性的识别依据，尤其是对波峰与波谷的移动的相对程度尚处在主观性识别的阶段，即语义起伏程度的客观依据尚缺乏，因而 Martin 提出语义波移动需要显现出来的疑问（Maton & Doran，2017a）。

与语义性原则中的语义波有别，系统功能语言学的信息波、语义波的时间性及空间性是语篇取向的，即关注情景语境中语式的特征。尽管二者从某种程度上说是互补的，但是基于语境的语义波与基于语篇的语义波仍然需要进一步整合，而语义波的语境和语篇取向为本研究提供了可能性基础。再者，当前合法化语码理论与系统功能语言学的合作研究大多聚焦学科教育领域，如历史、科学、化学、物理、设计、经济、生物、法律、政治等，语义波具有多种体现形式，具有更宽广的适用性，因此对更普遍的社会教育层面的研究也有必要，以彰显伯恩斯坦教育社会学与系统功能语言学的“宏大叙事”。

合法化语码理论强调语义性原则首先需要视具体情景语境作具体分析，将伯恩斯坦的分类与架构的“二分”概念转化为动态的“四分”拓扑概念，一定程度上克服了伯恩斯坦备受争议的理论难以适用于具体实践的问题。其次，对知识实践的结构化原则的抽象，是语义性原则的主要贡献与创新之处，因而 Maton 明确指出合法化语码理论是一套合法化适用工具（toolkit）。语义引力将意义对语境的依赖关系表征为一个连续体，而语义密度也将意义在语境中的压缩程度表征为一个连续体，可分别形成引力波与密度波，尽管语义引力与语义密度的强弱变化分类和架构了知识实践的拓扑性，增强了伯恩斯坦教育社会学的理论适用性，但是基于语境来识别语义引力与语义密度也有一些不足之处。

2.2.8.1 语义引力与语境依赖的关系问题

自合法化语码理论的语义性原则提出以来，语义波的概念引起了系统功能语言学者的极大关注，主要在于语义波如何得以界定的问题。语义引力取决于意义的语境依赖程度，但是语境依赖本身就是一个尚未确定的模糊概念，因而 Martin（Maton & Doran，2017a）认为语义引力与语义密度的判断需要显化。在早期的系统功能语言学与伯恩斯坦教育社会学的语码理论对话阶段，系统功能语言学者认为语境依赖与话语的语式有关。Hasan（1985）与 Cloran（1994，1999，2010）从语篇的衔接系统出发，指出指示性（reference）是语境依赖的突出特征，尤其是外部指示。Hasan 认为语境依赖的语言是未明晰囊括言语互动所处的相关即时情形全部特征的语言，语境独立的语言与此相反（Hasan，1973：247）。因此，在 Hasan 看来，最好将语境依赖视为一个渐变群，而不是对立式范畴。与 Hasan 类似，Cloran（1994，1995，1999，2010）提出修辞单位的概念来概念化语境依赖的语义性，依据消息中的中心实体值与言语事件的时空取向，建构了语境依赖的语言的修辞单位渐变群，如图 2－6 所示：

行为—评论—反思—观察—报道—再叙—计划—预测—记录—推测—概括

←————————————————————————————→

辅助性的　　　　　　　　　　　　　　　　　　　　　　组成性的

图 2－6　修辞单位的渐变群

而在 Cloran 之前，Martin（1984）也曾按照作为行为和反思的语言刻度（scale）来阐释语境依赖，提出了行为、评论、重构、建构的依赖刻度级。虽然 Hasan，Cloran，Martin 等人的外部指示、中心实体、事件取向或语言刻度的等级等概念，其都是从语境维度的前提出发对意义的语境依赖进行判定，但是“Halliday 与 Martin 的不同语境模型都未充分重塑伯恩斯坦的语码理论的语境维度”（Hasan，1999a：26）。在伯恩斯坦看来，描述语言还未进展到对即时情形或即时语言现实进行充分概念化的程度（Hasan，2014：6）。因此，渐变群与刻度级的设立仅表明语境依赖的限制性识别标准，如修辞单位的划分常常因界限模糊而模棱两可（Bartlett，2014：160），语义引力取决于意义对于语境依赖的程度的评判标准仍然有所缺失。在 Martin 等人看来，Maton 的语义引力仅与语篇的隐秘性和象似性相关，语义引力应对的变异程度不及元功能视角提供的广度（Martin & Martruglio，2013），而当前合法化语码理论对于判定语言实践的语义引力的转化标准，也还尚在讨论当中。

2.2.8.2　语义密度与语义引力的选择问题

合法化语码理论的语义性原则（Maton，2014b）指出语义引力与语义密度的逆变性特征（Maton，2014b）：语义引力减弱，语义密度增强；语义引力增强，语义密度减弱。但是，语义性原则对语义密度与语义引力之间的逆变在何种语境下进行却未充分阐释。我们可以推论：语义密度增强，语义引力减弱；语义密度减弱，语义引力增强。但是似乎也存在不一致的情况。请看例 2−7：

例 2−7：

(a) Mt Vesuvius erupted, therefore Pompei was destroyed.

(b) Mt Vesuvius's eruption caused Pompei's destruction.

(Martin & Martruglio，2013)

上例中，(a) 为并列关系的小句复合体，(b) 为小句。从语篇的外指示来看，Mt Vesuvius 与 Pompei 没有差异，从言语事件取向来看，(a) 为记录，(b) 为推测，因此 (a) 的意义的语境依赖程度更高，因而语义引力更强；(a) 为小句复合体，体现时间序列的功能，即语场时间，而 (b) 为小句，体现推测图示的功能，其可为语篇时间，因而 (b) 的语义压缩度更大，语义密度更高。但是，(a) 与 (b) 的意义差异来自词汇意义与语法语义的区别，即对逻辑语义关系的建构。系统功能语言学认为，语法与词汇是同一连续体的两极，但是语法比词汇表达的意义更概括（Halliday & Matthiessen，1999）。因此，由语法建构的 (a) 中的逻辑意义应比由词汇建构的 (b) 中的逻辑意义的意义压缩度更高，更脱离语境，(a) 的语义引力应更低，语义密度应更高，因为 (a) 的语法性意义比 (b) 更复杂。但是 (a) 的词汇性意义却比 (b) 更直白，由此也可推论 (a) 的语义引力更高，语义密度也更高。推论出现了矛盾。因此本书认为语义密度与语义引力的选择问题的根本在于在语境中应该如何取舍，语境预示的意义依赖与语义结构呈现的语境预示是否一致，语境预示的意义形式与语义结构所处的意义层级是否一致，是依据语义引力还是依据语义密度，如何判断二者在语境中是否是逆反性的，语义引力与语义密度孰为优先出发点。

2.2.8.3 语义波的识别问题

首先，合法化语码理论的语义性原则视语义波为具有起伏性特征的一种语义框架，其强调具体语境具体分析，在话语中判定具体的语义起伏性时大多依赖于名词性词组，因此对于语义波或语义平线等不同语义框架缺乏一个具体的界限单位，即不同语义波的波段层级。其次，缺少对不同特征的语义框架的起点与终点的界限判断，即作为顶点的波峰与作为底点的波谷的界限，因而在依据语义引力与语义密度的参数具体勾画某一语义框架时难以客观显性地界定语义波的具体点位，如语义幅度，给人一种主观、模糊、大概之感。诚然，语义波的概念本身是一种隐喻，波本身因其第二阶的本质就难以确定界限，但是本书认为正是其第二阶的本质为其界限划定提供了可能，关键在于语义波应该依据什么样的基本单位及如何得以客观显性识别的问题。再次，语义波的移动体现了知识建构的出发点与归结点的方向定位，合法化语码理论的语义性原则对于语义波的起伏性移动方向的判定也缺乏一个具体的客观判定标准。

2.2.8.4 系统功能语言学对语义波改造的贡献与不足

Martin 等人对于语义引力与语义密度的语言学改造无疑促进了合法化语码理论的语义性原则与系统功能语言学的元功能的契合，存在表征语义引力，质量表征语义密度，并且两个维度都进一步涉及三个元功能中的不同参数，这有力地促进了合法语码理论的语义性原则结合系统功能语言学进行语篇分析，强化了二者的融合，但是也存在尚需完善之处。

合法化语码理论的语义性原则突出建构了至少三种示范性语义框架，即高语义平线、语义波、低语义平线。其中高语义平线在日常语篇中体现为随时间展开对作为意义的知识的持续打包，低语义平线体现为对知识的持续解包，语义波体现为对知识的打包与解包的持续移动过程。质量与存在的概念解决了语义引力与语义密度在语言学分析中的适用性问题，但是未能充分体现最为重要的语义波动的过程，即语篇时间展开中意义的变化波动过程。换句话说，质量与存在的概念从静态的纲要性的视角突出了语义引力与语义密度在语篇分析中涉及的与元功能适切的方面，但是不同的语义移动框架需要在抽象化分形等级上给出动态性的识解，这就需要随语篇时间展开，从动态的视角来建构不同的语义移动框架，体现语义波的动态性，以促使语义波显性地在不同抽象化等级上体现出来。

合法化语码理论的语义性原则提供了一个崭新的分析累积性知识建构的途径，但是语义波的分析单位却似乎扑朔迷离，缺失词汇语法层的建构。语义波的分析需要视具体语境进行，语义引力与语义密度的判断也要视具体的体现载体进行，“在语言中如何具体量化引力与密度的变化是一个极具挑战的问题”(Martin，2011：53)，缺失词汇语法层的判断依据就给人一种过于主观化的感受。而质量与存在的概念对应语义引力与语义密度，语义波被纳入系统功能语言学的跨元功能框架之中，这无疑为语义波的语篇体现提供了一个基本的分析途径，即系统功能语言学一贯遵循的小句之上与小句之下的路径。因此，语义波的移动体现要求其在词汇语法层得以识解，具体的语义框架分析得视具体的语篇才能进行。

2.3　科普的相关研究

与学科性语篇的知识建构方式不同，科普是指利用各种传媒以浅显的方式向普通大众普及科学技术知识、倡导科学方法、传播科学思想、弘扬科学精神的活动。科普作品的内容比较广泛，多数由科学家以及传媒从业人员编撰，通过不同媒介展示，常见的如书本、纪录片、杂志文章和网页等（Wikipedia，2015)。而根据我国《辞海》定义，科普就是把研究开发的科学知识、科学方法，以及融化于其中的科学思想和科学真理，通过多种方法、多种途径传播到社会的方方面面，促进社会的物质文明和精神文明的发展。因此，就科普的定义而言，科普是对于科学思想等理论性知识的普及与传播，可被认为是某种社会实践行为，也可被视为向公众提供科学发展与突破的信息的科学写作，包括科学发现或发明（Kim & Thompson，2010：54)。由于科普场域范围依据其对立面进行区分，因而科普也是话语分析的特殊场域（Myers，2003：1)，普及或科普的定义很大程度上取决于其所关注的话题。

2.3.1 作为过程的科普研究

在早期的科普研究中存在一种文化支配性观点（Hilgartner，1990），这种观点认同纯粹科学知识与科普知识的二元对立，即首先科学家提出科学知识，然后科普学者将科学知识简化并向大众传播，因此纯粹的科学知识与科普知识之间存有较大差异，界限分明。在此种观点看来，二者之间的任何差异都归因于对原本事实的扭曲或退化，因此科学知识与科普知识属于两种话语，科学知识置于科学机构内部，科普知识置于科学机构之外，信息呈现从一种话语向另一种话语的单向转换。科学家与科学机构是科学权威，而公众被视为对科学话题一无所知，知识是从科学向社会的单向流动。在科学话语的转换过程中信息不仅改变语篇形式，而且被简化、扭曲，科普充其量是面向非专业者进行的准确简化的教育行为或者是门外汉对科学的歪曲，因而此种观点下的科普过程不可能产生新的科学知识。而与此种文化支配性观点相呼应的是在公众科学理解中长期存在一种默认模式（Wynne，1995；Irwin & Wynne，1996），此模式认为科学是完备知识，即科学等同于科学知识构成的事实，公众理解是对个人熟知的事实的衡量（Nieman，2000：10）。在这种默认模式看来，在科普场域中，科学知识等同于完备的事实，信息因读者与语篇间的互动变得有意义，科普知识是对专门性科学知识的再形成化。由此，科学普及是一个程度问题，科学与非科学的界限导致了所谓普及的弹性（Hilgartner，1990：528）。但是科学交际不能等同于信息传递，这种默认模式不可作为公众理解科学的一般途径，因为其不能应对科学与公众之间的所有方面（Durant，Evans & Thomas，1992：163）。

与上述支配性默认模式不同的是另一种更宽泛的观点，即科普不仅是专门性话语的再形成，也是专门性科学知识的再语境化（Whitely，1985；Gotti，2014）。科学普及的目的是教育非专业大众，科普的教育作用不是科学普及过程的唯一（Nieman，2000：28）。在这种宽泛的观点下，科学社区不是一个完全统一的、稳定的、自主的群体，其本身就包含不同的社会结构，因而其与非专业群体的联系变化多样，从而科普与科学知识的产生不可分割，科普知识被视为知识产生过程的一部分，而被普及的知识的生成势必需要通过公众难以理解的突出新奇的方式得到确证，因而由知识产生语境到其他语境的传递是知识普及的关键，反之，知识的再语境化也是知识形成的关键（Whitely，1985）。

综上可见，上述这些研究与讨论不是将科普作为一个语篇范畴，而是作为行为者、机构、知识形式等的调查过程，科学不是作为话语形式而围绕某物的一系列社会实践，而是话语秩序、话语和实践角逐的场域（Fairclough，1992）。但是，科普不是科学知识简化或转化的问题，而是科学话语在另一场域被再语境化的问题。针对于此，Calsamiglia & Van Dijk（2004：371）就科普过程的本质提出了以下 6 条主要界定原则：

（1）普及是由大量话语符号实践构成的社会过程，涉及大众传媒、书籍、网络、展览等众多媒介与交际事件，意在向公众传递科学知识及其相关看法和意识形态等。

（2）大众科普的基本特征不在于具体语篇结构，而在于交际语境特征，如参与者与参与者角色、科学资源等。

（3）给定某一语境，科普话语的语境特征与话语的言语结构的语言分析相关。

（4）科普涉及外行公众接触有限的专门化语境中产生的科学知识与话语的再形成与再语境化。科普话语需要视具体情形和媒介、交际事件限制而进行自身调整。

（5）媒介不是科学知识的被动调节者，而是主动参与新常识与科学观点及意见的产生，包括未出自原本科学资源的信息与观点。

（6）媒介对于新知识生产的作用需要与其他媒介功能关联起来进行再语境化。

这种再语境化过程预示着科普话语中的一种调适过程，即因新交际事件中的确切情形与交际媒介本身的限制而整合性地进行适应调整。产生语境越远离接受语境，科学家就越易于呈现决然的、脱离产生语境的知识表征；产生语境越依赖日常的无层次的话语，缺失对操作标准及显著性标准的控制，科普就越接近大众交际（Whitely，1985）。因此，对科普语篇的研究不仅关注科学如何与某一学科非专业人群交际，而且对普遍的交际过程更感兴趣。我们不仅需要关注科普的内容，更应关注科普内容吸引公众的取向方式。

2.3.2　作为语篇的科普研究

对科普语篇的兴趣来自应用语言学家试图改进以学术为目的的英语教学（Myers，1994），修辞学家试图将科学话语与其他话语联系起来（Fahnestock，1986），科学研究学者关注科学与社会之间的关系（Whitley，1985），科学交际学者聚焦新闻实践与媒体效应（Lewenstein，1992，1995），历史学者研究大众文化中的科学（Pumphrey & Cooter，1994），也来自科学家自身等。

就科学话语而言，科技语篇与科普语篇都是属于科学话语的范畴，但常见的科普语篇与科技语篇具有典型的差异。从上述的文化支配性观点来看，科普语篇是科学知识传播的符号载体，其目的是推广与科学相关的知识，其对象一般为普通大众。相比而言，科技语篇是对科学知识的表征，其对象一般为科学专业人士等。也就是说，科普语篇一般是专业人士向非专业人士进行科学知识普及的符号载体，而科技语篇是专业人士对科学知识进行提炼表征的符号载体，因此科普属于科学的普及层面的次级交际（Carli & Calaresu，2007：529）。Hilgartner（1990：528）根据科学交际涉及的不同语境勾画出了专业化科技知识与非专业化科学知识之间的界限谱系，如图 2－7 所示：

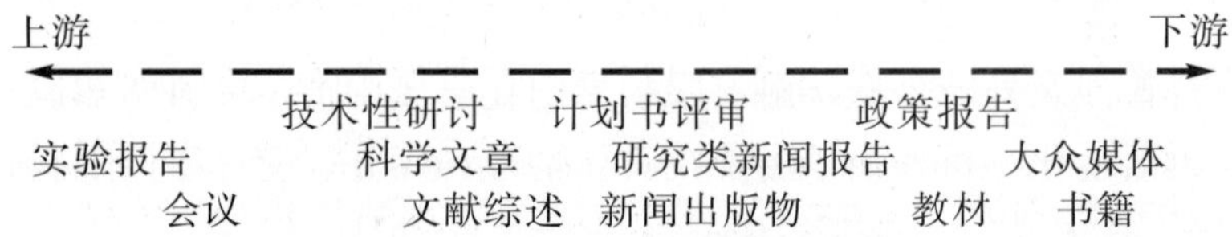

图 2－7　科技知识的交际语境

上图左侧表示面向更少群体的专业化科学知识，即上游，而右侧表示面向普通大众的非专业化科普知识，即下游。专业化科学知识与非专业化科普知识构成一个理想化的渐变谱系，以此划分科学知识与科普知识的界限。与此类似，Myers（2003：270）指出，科学话语与科普话语可被视为一个连续体，我们只能依靠读者受众来区分完全有别的语域，二者处于“互文普及的过程”（Elorza，2011）。因此，科普语篇是一种语类变体，一方面涉及科学话语的再语境化，另一方面涉及专门化知识向日常知识的再形成，知识被置于大众媒体或其他机构之中。（Williams，2009：467）

2.3.2.1　英语科普语篇的专门用途英语研究

对科普语篇研究较多的应当是专门用途英语。Myers（1990：142）详细阐释了科学语篇与科普语篇中的“科学叙事”与“自然叙事”的对比概念。“科学叙事”即科学观点依据时间编排为一系列事件，采用句法和词汇手段强调学科的概念结构，科普话语体现了学术实践的重要推论，如客观化、累积性知识建构与实证，从而读者能够将一系列论述与认识性概念、先前发现以及当前论证方法联系起来。“科学叙事”运用修辞和语言选择回溯了学科性，而科普性文章也呈现为“自然叙事”，即按照自然世界本身的顺序叙述，从而生物或动物成为主体，而非科学行为。自然叙事按时间顺序开展，句法和词汇强调自然的外在性。之后，Myers（1991）进一步论述了科学与科普语篇的专门知识及词汇衔接，发现科学杂志与科普杂志在词汇衔接模式上存有显著差异，并将其归因于不同读者的知识使用。概括地说，科学语篇读者具有隐性语篇衔接关系的知识，而科普语篇读者需要明白词汇推测的显性衔接关系，以便将专门场域的语义场与日常生活场域联系起来。由此可以发现，“科学叙事”与“自然叙事”的差异在于科学语篇与科普语篇的句法词汇特征。

与 Myers 不同，Nwogu（1991）认为科普研究大多关注句法与词汇，而将话语组织模式排斥在外，因此其采用语类切入的方法阐释了医学科普语篇的话语结构特征。从科普期刊报道语类的话语结构出发，Nwogu 识别出了 15 种话语结构类型，并依据 Swales 的语类方法进行分析，试图表明期刊报道语篇具有信息结构化的可识别图示，并指出典型的期刊报道语篇可有多达 9 个图示结构或语步（move），图示结构受科普语篇产生的语用语境约束，例如受众、目的、话语媒介等。在科普期刊话语叙事方面，Nwogu（1991）还发现报刊的记叙常以研究问题为背景对读者的疑问进行情景化，然后得出结论，引出科学工作者。Nwogu 详细论述了科普叙事的论证、信息框定、可信度等方面。在论证方面，他认为科普语篇将创新之处转换为报道价值，学术观点被转化为科学突破，从而依据对读者的巨大价值或潜在利益进行语篇呈现。在信息框定方面，框定通过信息修正假定潜在读者的知识基础，通过语言选择形成不同读者的亲近性。在可信度方面，科普不能假定读者的知识水平，因而将可信度置于科学家及其地位之上，当与报道的研究直接相关时才识别具体科学家。另外，研究论述转化为普及性叙述的过程涉及消除疑问和凸显独特性、罕见性、原创性，科普语篇因而不能有助于读者明白科学事实如何能被质疑。最后，科普性语篇不仅表征话题建构的独特性、相关性以及直接性，而且其允许非专业者理解科学性研究，恢复科学家的阐释声音。Nwogu 的医学科普语篇研究延伸到话语结构特征方面，涉及科普语篇的行为者、普及程度、权力身份等语境因素，但是 Myers 与 Nwogu 的研究都是立足于科普的文化支配性观点的科学机构之外的话语研究，即其前提是科学知识与科普话语是完备的统一体，科普话语不是科学知识的再形成部分。

与上述两者不同，Hyland（2010）认为科普话语是面向非专业信息需要但欲了解科学发展的受众的，科普话语的存在体现出科学知识不是千篇一律的完备的统一体，而是有不同兴趣的不同群体的社会建构。科普本身面向庞大的不同受众（Hyland，2009），科普话语与缺失排他性修辞特征的学术著作的交际形式等相关，在保持科学的权威的同时，转化科学事实与专业化科学主张。此外，科普话语不是向非专业受众报道科学事实，而是用不同的方式表征现象以达到不同的目的（Hyland，2010：5）。科普话语在科学结果准确可靠的基础上建立话题的新颖性和相关性。在此基础上，Hyland 通过语料库对比的方法进一步论述了学术论文和科普语篇建构人际性与亲近性的五个方面，即组织、论证、立场、信度、介入。其中，两者最突出的差异在于文体的组织方式，学术论文中科学结果往往是在论文开始部分就呈现，而不是在论文结尾给出。

与 Hyland 类似，Miller（1998）认为视觉符号在学术论文中被作为观点的支撑，而在科普话语中主要是为了吸引读者以及阐释语篇。Giannoni（2008）比较分析了医学与应用语言学的期刊评论，考查评论语类中的科普性特征，发现提问、隐喻、标记词汇、幽默、拟人化、读者呼吁、偶发性话语使用等普及性特征在医学期刊与应用语言学期刊中都大量存在，但分配差异比较明显，某些语类特征也显著出现在科普文章中，某些又偶然来自科学文库或非学术语域，呈现极其混杂的语篇化特征。

Brand（2008）运用语料库的方法研究了 SARS 新闻科普语篇的词汇过程。Brand（2008：37）指出，科普语篇的产生基本上是“以另类读者易理解、贴近的方式达到再语境化与资源再形成”，具体包括六种方式，即术语被熟悉的近义词取代、转换解释与重塑、下定义、使用隐喻或类比、概括化、例示与具体化。其指出科学报刊中科普话语是具体与抽象语言的结合点，科普语篇的词汇形式具有垂直性特征，如表 2-1 所示：

表 2-1　科普语篇的垂直性特征（Brand，2008：173）

话题		
科学话语	普及	普及话语
词汇选择		
术语学	机构化术语	概括词语
同选		
触发	再语境化	具体语类功能
具体语类功能		触发

López Orellana（2012）论述了科学话题如何在书面媒介和大众交际中向外行人士呈现，科普语篇的主要目的是通过熟悉易懂的方式促使科学信息尽可

能被更多大众群体接受，减少信息量以及达成抽象与具体之间的平衡。

综上可见，科普语篇的专门用途英语研究大都聚焦于某一具体场域的科普语篇，主要通过语料对比的方法来讨论分析社会的科学建构的主要场域、写作过程、语篇形式、传播过程以及受众反应等，大都属于文化支配性观点支撑的专门场域研究。

2.3.2.2　英语科普语篇的认知语用研究

科普语篇的语篇特征也引起了认知语用研究领域学者的兴趣。Crismore & Farnsworth (1990) 论述了与科普语篇相关的元语言特征；Varttala (1999) 比较了医学科普语篇和医学学术语篇中的模糊限制语的使用情况。模糊限制语被视为医学语篇的典型特征，在学术同行交际中是语篇明晰和人际否定礼貌的标记。在医学科普语篇中模糊限制语使用频繁，具有不同的交际功能，可作为模糊与明晰的语篇工具，或专业作者与非专业作者交际中人际礼貌肯定的特征。Garllado (2005) 从语用学的角度分析了医学建议类科普语篇中的支持性类别话语的不同功能，包括印证功能、促使功能、让步功能、辅助功能、移情功能，发现最常见的支持功能是对交际目的的接受，依据说话者的责任接受对这些支持功能的分析，考查支持功能是否作为信息源泉的直接或间接引用而形成，抑或是报道者形成的。结果表明，大量印证建议的支持功能是作为对专业人士声音的直接引用而形成的，并推论每一个语篇都由一个主要言语行为与一个支持主要言语行为的次要言语行为构成。

Skorcynska (2001) 在认知隐喻的框架下从概念、语言学、交际三个层次比较了科技商务期刊和商务期刊中的隐喻变异，结果表明隐喻变异是普及过程的一部分，作为叙事手段，具有简单化、调用非正式风格、再形成性三个特点。Constantinou (2014) 通过语料库对比的方法研究了英语、法语、希腊语科普语篇中愤怒的概念隐喻特征，即愤怒在科普语篇中是如何被概念化的。在他看来，隐喻是专家们的有力工具，用于应对愤怒概念的方方面面。通过隐喻性语言的使用，专家们倾向于给愤怒情感做出积极评价，例如，愤怒的情感被概念化为警告从而保护我们。除此以外，该研究比较了英语、希腊语、法语三种语言中愤怒情感表达的相似性与差异性，使我们注意到英语中的专家在论及愤怒情感时更频繁求助于隐喻性表达，这印证了英语比法语和希腊语在隐喻性语言使用方面更开放的倾向。

Calsamiglia & Van Dijk (2004) 从多学科的视角分析了关于人类基因组序列化的科普语篇，重点分析语篇中知识与意义的界面特点，从语篇、语境和知识的结合角度分析 42 篇科普语篇的语义方面，尤其是新事物的名称、解释和描述。结果表明除了隐喻与去序列化，处所、合成、尺寸、数量、外观以及功能等意义手段都被用来描述新事物，这些意义范畴对应于潜藏的事物知识的认知范畴。

综上可知，科普语篇的认知语用研究也是聚焦某一科普领域，通过语料对比的方法来阐释分析科普知识的普及过程，但是与专门用途英语的研究不同，其不仅关注科普知识的再形成过程，同时也探析科普知识的再语境化过程，体现了对科普过程的更宽泛的理解。

2.3.2.3 英语科普语篇的系统功能语言学研究

以现实语篇为理论依据的系统功能语言学对科普语篇的研究较多，Halliday（1988：162）曾以科普杂志《科学美国人》（*Scientific American*）为语料资源进行物理科学语言的研究。Halliday & Martin（1993：39）在对科普学者 Gould 的科普著作进行分析时，指出技术性、抽象化、评价三者的综合特征（syndrome）建构了科普的语域。

Nwogu & Bloor（1991）考察了 Danes 提出的三种主位推进模式在专业医学语篇与医学科普语篇中的分布。他们指出，在研究性论文、研究性论文摘要和对应的普通期刊文章中，线性主位推进与连续主位推进都出现较多，但在普通期刊文章中线性主位推进更多，而在研究性论文中连续主位推进更多。相比之下，分裂主位推进在研究性论文和普通期刊文章中更多，而研究性摘要中没有出现。结果表明，这些主位类型的盖然性特征与语篇的纲要式结构及读者的知识有关。在前两种语篇类型中，线性推进模式的使用与语篇的解释或争论目的有关，在普通期刊语篇中则与解释性话语较多相关。连续主位推进在普通期刊语篇中受制于作者与读者间的互动知识及主位推进与更大语篇结构之间的关系。Vogel（2010）比较了物理理论性科学语篇与其科普语篇的衔接手段的运用，研究发现两种语篇类型在词汇衔接链方面没有明显差异，但理论性科普语篇使用的词汇衔接手段多于科普性语篇，而后者语法手段多于前者。在最常用的词汇衔接手段上，理论性科普语篇的重复手段使用最多，其次是具体化手段，概括化手段在理论性科普语篇中运用更频繁。Riaza（2010，2012）以《卫报》（*The Guardian*）中的英语科普文章为语料，对科普语篇的显性归属特征资源（attribution）与主位化形式进行研究，认为传统途径不能准确解释英语科普文章的归属现象。这些研究聚焦于系统功能语言学的语篇意义，试图通过研究不同场域的科普语篇揭示科普语篇的一般特征。

Parkinson & Adendorff (2004) 分析了科普文章在科学识读教学方面的作用。他们通过比较科普文章与研究论文和科学教材，认为科普文章不能作为科学写作的模板，但是科普文章因能使科学更贴近学生而在科学写作教学以及科学教学方面具有重要作用，原因在于科普文章视科学发现为暂定的而不是如在教科书或研究论文中那样是不可置疑的。另外，科普文章的另一特点在于充斥着大量的科学家人名，科学家被视为普通大众而不是如教科书中那样有特殊地位。Fuller (1998) 从投射、元评论和情态三方面分析了科普作品的作者如何与读者建构协商关系。他认为，投射能暗示语篇之间的距离并以此创造语篇的概念顺序；元评论的使用出于人际目的，它标志着识解命题的另一种方式；情态能使命题意义形成等级差距。而 Motta-Roth & Lovato (2011) 将批评话语分析与评价理论结合起来，研究了 30 篇科普新闻语篇的对话性，结果表明情态、引用、报道的连续使用显示新闻记者将新闻语篇的话题建构为开放式问题，吸引多种观点，但是科普发现的视角限制了科学的范围以及新闻科普语篇的对话性空间，在科普语篇中重申科学话语的霸权。这些研究聚焦于系统功能语言学的人际意义范畴，基本采用语篇分析的方法，意图说明不同科普语篇的人际意义特征与话语权威、权力的相互关系。

国内从系统功能语言学的角度对科普语篇进行的专门性研究不多，且研究比较零散，大多属于文化支配性观点基础上的对比研究。其中，方梦之 (1981) 比较了科技英语与科普英语的风格特点、语法特点、词汇特点。其指出科普英语具有形式活泼、语言形象、句子短小、用词生动的特点，从某种意义上讲，比较接近日常英语，而科技英语则叙述客观、句子较长、结构复杂、用词造句严谨。张少雄 (1994) 认为没有“科技英语”一说。邓庆环 (2009) 从系统功能语言学的人际视角分析了英语科普语篇的文化和社会互动性，以杂志类的科普语篇为语料，说明了科普语篇中社会与文化的互动基础建立在复杂的人际关系之上。科普语篇使用语言的介入、协商、语境隐喻等手段建构社会和文化互动性。科普语篇的特殊性在于读者和作者之间的关系上。从专业知识程度的角度来看，读者与作者之间的差异较大，二者不具备同等的地位。一方面，读者在阅读中不仅需要具备不同的科学知识，还需要了解各个领域人们的信念与社会行为；另一方面，由于作者与读者对学科知识的掌握程度不同，作者的语篇建构就只能从知识的文化背景出发，否则就将影响语篇的交际效果。因此，科普语篇中的介入机制与协商手段使科学知识与日常生活紧密联系起来。

杨信彰 (2006，2011) 通过自建小型语料库的方法主要探析了英语科技语篇与科普语篇的词汇语法特点，包括小句模式、名词化、技术性等，指出科学语篇与科普语篇存在较大差异，科普语篇不能被简单视为去名词化的过程，而是识解科学现象的程度差异。由于语旨和语篇目的的特殊性，科普语篇中名词化使用不多，科技术语常常出现在用一致式表达描写自然现象之后。而在解释科技概念和定义时，科普语篇更多使用关系过程。除此之外，科学术语可以是单个名词，也可以由名词词组构成。在科普语篇中，名词化还可用于建立上下文的语篇联系。科普语篇和科技语篇的词汇语法差别较大。孟盈珂（2012）通过自建语料库和设计统计工具，运用 Halliday 的人际功能框架和 Martin 的评价理论探讨了科普语篇的人际意义，通过对比科技语篇和科普语篇在人际功能上的各自特点，包括指称、情态操作语、投射资源，发现科普语篇在人际意义上呈现出积极介入、态度明确、直接引用科学话语进行观点支撑和建立权威性等特征。许明武（2010）以陌生化理论为基础，着眼于科普文章的文学性，论证了科普文章标题具有文学性的特点，其主要通过修辞格、谜式标题和有悖于常理的表达三种方式来体现。史文霞（2010）在对语言经济性理论和意向性理论进行梳理的基础上，考察科技语篇的经济性，指出科技语篇是一个以主要意图和次要意图为经，以明说意图、隐含意图和互动意图为纬的开放性网络。

以上这些相关研究聚焦于在词汇语法与语篇语义层面区分科技语篇与科普语篇，试图弄清二者的本质差异，但是科普语篇与科技语篇都是科学语言的次范畴，二者并不是二元对立的关系。

2.3.3 英语科普研究简评

统观以上相关研究，可以发现科普交际过程及科普语篇的研究大致遵循两条路径，即科学社会学研究路径与话语交际路径。科学社会学研究主要聚焦于科普这一社会行为在社会交际中的定义以及与科学知识传播的关系。大量的社会科学研究者试图弄清科学知识的建构行为与科普行为之间的界限，科学知识与所谓的科普知识之间的界限，专业科研人员与非专业人士在科学交际中的界限。而话语交际路径针对科普语篇的相关研究涉及话语分析、专门用途英语、语用学、认知语言学、功能语言学、批评话语分析、社会语言学等不同视角，但是这些研究相对零散，缺乏系统性与连续性，主要采用历史视角与语篇对比的研究方法，专门关注某一场域中科学知识与科普行为之间的语言行为，如自建语料库、不同场域中的语篇特征对比等。这些研究取向及研究方法表明科普场域是一个多学科的集合体，而正是因为其涉及多学科场域，所以大多数研究的声音被限制在自身场域之内，难以形成学科间的对话，如早期对于科普的文化支配性观点现在在语言学的相关研究中仍然可见。基于这种观点去认识科学话语与科普话语的差异，承认科学话语与科普话语的鸿沟，在某种程度上说忽视了科普语篇本身就是科学话语的次范畴这一事实。因此本研究认同这样一种观点：科学话语与科普话语并不是截然对立的，科学话语是在另一场域被科普话语再语境化，尽管科学话语与科普话语存在差异，但是科普语篇不是科学语言的简化。

其次，关于科普语篇的研究忽视了科学知识本身的特点，即知识盲视（knowledge blindness）（Maton，2014）。与学科性语篇的教育本质相似，科普语篇的社会功能也在于其教育性本质，即以再语境化的语篇建构科学知识，贴近普通大众的日常生活，但是科普语篇并不仅限于对科学知识的持续普及，其也参与科学知识的再形成。科学知识是对日常知识的提炼编码，而科普语篇是对科学知识的再语境化，是语境的解码行为（Hall，1980）。知识是语境中科学语篇与科普语篇的界面。从系统功能语言学的角度来看，知识就是意义，知识的载体就是语篇，知识建构应语境中的语场、语旨的差异而呈现出不同的语式特征。当前的科学知识与科普知识的界限难以划定就在于忽视了知识本身的建构特征，即大多数相关研究都在努力探析“科普间”的关系，而未对“科普内”的关系给予充分重视。如图 2−6 所示，从科学知识上游一端去分析科普知识与如同从科普知识下游一端与分析科学知识一样，都陷入了某种误区，即科学知识与科普知识的界限会视不同场域，因不同受众而变化，但是这种变化不是科学知识本身的内在特质。从不同视角审视某一场域中的科普话语特征，可以在一定程度上发现科普知识的解码特征，但是不能从根本上揭示科学知识的本质特征，因为科学知识既是脱离具体语境的知识编码，又是来自具体语境的知识解码，语境因而成为科普语篇与读者之间进行知识协商的界面。因此，科学语篇中呈现的事实本身就是一种社会建构（Bazerman，1988）。从科学话语来看，科学没有开端，其不过是语法对我们及周围环境的理论化延续（Halliday，1999：128）。

总之，科普语篇是涉及众多学科话语的场域，既涉及科学知识的再形成，也体现科学话语的再语境化，参与科学知识的产生、传播、再形成。科普语篇的多学科性特点要求一种更为宽泛的研究视野，以体现对不同科普场域的概括性、普遍性与整体性的考量。

2.4 小结

本章主要围绕作为语言研究维度的波的研究和科普研究展开论述。首先本章详细梳理了作为语言研究维度的波所涉及的不同方面，主要论述了其涉及的语言单位、信息性、语义性、时间性、空间性等相关维度。在此基础上，本章总结了对作为语言研究维度的波的研究的贡献及不足，为本研究的研究目的及研究问题指明方向。其次，对于科普的相关研究，本章从作为过程的科普研究与作为语篇的科普研究展开。对于作为过程的科普研究，文献重点综述科普过程涉及的科普实践与科普知识再语境化的关系，以及科普知识与科学知识的关系。而对于科普语篇，本章主要从专门用途英语、认知语用研究、系统功能语言学等不同视角展开评述，最后指出科普知识既是源自具体语境的知识编码，也是脱离具体语境的知识解码，语境是知识科普与读者的协商界面。

第3章　理论框架

3.1　引言

本章作为本研究的理论基础，主要简述伯恩斯坦的教育社会学与系统功能语言学的有关理论，原因在于伯恩斯坦的教育社会学理论有力地揭示了教育的社会性，而系统功能语言学理论有力地揭示了科学语言的本质，将二者结合起来研究英语科普语篇的语义波分形谐振特征，建构了一种互补的科普诠释，具有更强的解释力。具体而言，本研究从伯恩斯坦教育社会学与系统功能语言学的整合视角出发，理论基础分别涉及伯恩斯坦教育社会学中的语码理论、知识结构理论、合法化语码理论的语义性原则，系统功能语言学中的层次、元功能、语境等理论。

3.2　伯恩斯坦教育社会学相关理论

系统功能语言学与伯恩斯坦的教育社会学理论一直具有互动对话的传统（Martin，2011），两者都关注相同的话题：作为社会现象的话语与作为语言现象的话语（Hasan，1999a；Martin，2011；Moore，2013；Maton & Doran，2017c）。从伯恩斯坦的教育社会学理论来看，符号交际包括语篇，意指一切社会实践，不只是语言实践。伯恩斯坦的教育社会学理论在符号交际语境中与语言发生显性接触，因而其自然是与作为实例的语言发生联系；系统功能语言学认为语言在不同社会符号层级中位于核心地位，语篇是对语言功能的表征。因此“语码理论与符号理论是紧密交织的，语码理论试着解释社会，而社会本身就是语言的，正如语言本身基于社会一样”（Hasan，1999a：22）。伯恩斯坦教育社会学与系统功能语言学都视语言为“人类社会存在的中心”，系统功能语言学提出的语言有关概念与伯恩斯坦的语码理论是高度融合的。Maton & Doran（2017c）概括了二者对话的五个阶段，如表 3−1 所示：

表 3−1　语码理论与系统功能语言学主要对话阶段

阶段	时间	语码理论	系统功能语言学
第一阶段	20 世纪 60—80 年代	语码取向	语言变异、语义变异
第二阶段	20 世纪 90 年代	教育话语	语类识读
第三阶段	2000 年初	知识结构	语场
第四阶段	2000 年中期	合法化语码理论：专门化维度	个体化/亲和、语场、评价等
第五阶段	2010 年至今	合法化语码理论：语义性维度	语式、语场、评价、语法隐喻、技术性、个体化，识读、图像学等

3.2.1　平面话语与等级话语

在伯恩斯坦看来，知识形式常分化为日常口头的常识性话语与非常识性话语。常识性知识话语称为平面话语，具有局部的、割裂的、语境依赖的、隐藏的、多层次的、语境之间冲突的特点。非常识性话语称为垂直话语，具有连贯的、显性的、系统规范的、等级组织的结构，或呈现为一系列的专门化语言，具有专门的检测模式、专门的语篇产生标准（Bernstein，1996：171）。但是，垂直话语不是割裂组织的话语，而平面话语是文化专门化的结果，话语与语场是分析的整体方面（Bernstein，1996：173）。在此基础上，垂直话语又进一步呈现两种知识结构，即等级性知识结构与平面知识结构。等级性知识结构的建构倾向于越来越概括的命题，其整合低层次的知识，跨越不同现象的不同范围，因此等级性知识结构由整合语码产生，如图 3−1 所示：

图 3−1　等级知识结构

伯恩斯坦认为等级性知识结构一定程度上与建构详尽的技术性的架构话语相关，对现象进行范畴化及阐释。相比之下，平面知识结构的建构倾向于系列扩展的、非跨越的专门化语言。平面知识结构的扩展从而呈现为另一专门化语言的附加，如图 3－2 所示：

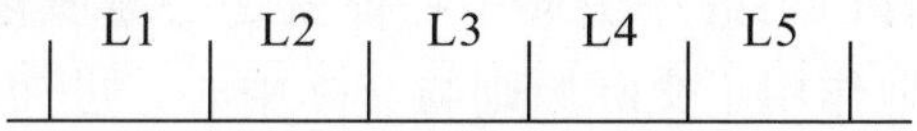

图 3－2　平面知识结构

平面知识结构一定程度上与抽象化的话语使用相关，其发展不是依赖知识整合，而是通过新的语言引入来建构新的视角、新的问题、新的关联、新的说话者（Bernstein，2000：162）。由此出发，Wignell（2007）认为社会科学最好表征为角力型（warring）三角，因为每一语言模式是在某一方面对科学的描述，相互之间不融合，如图 3－3 所示：

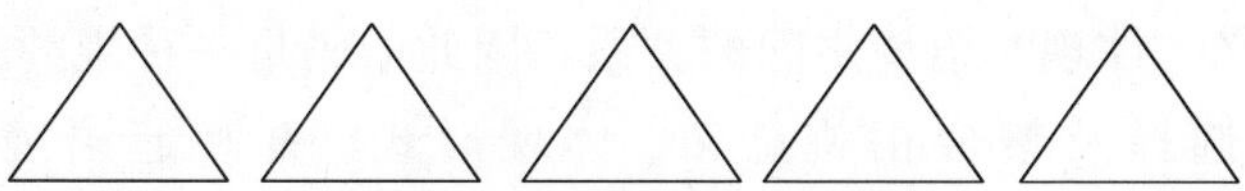

图 3－3　角力型三角

在综合伯恩斯坦知识结构理论的相关研究下，Muller（2007）提出了语法性与垂直性的概念来描述理论发展的演进（progression）模式。垂直性关注话语组织特征的区分，即垂直话语的再语境化与组织的层次展现，而平面话语则完全不具有这样的特征。在平面知识结构中，话语特征呈现语法性的差异。依据垂直性与语法性特征，平面话语与平面知识结构都可呈现出串行的、割裂的结构，而等级话语与等级知识结构不具有这样的紧密相关性。Muller 指出，基于清楚的、精炼的概念、关系与规则的话语具有强语法性特征，而与此相对的则具有弱语法性特征。垂直性与理论性的内部描述语言相关，而语法性与外部描述性语言相关。语言的语法性越强，就越明显地生成事实性关联；语法性越弱，事实性关联就越模糊。简言之，语法性是秩序规范式的，而垂直性是范畴规范式的；语法性决定了理论或语言通过普遍广泛确证的事实得以发展的能力，垂直性决定了理论或语言通过复杂性解释进行整合得以发展的能力（Muller，2007：71）。语法性与垂直性共同决定了某个知识结构的发展能力。依此可以推论，自然科学的知识结构显示出更强的垂直性，而人文学科的知识结构显示出更弱的垂直性。就伯恩斯坦的平面知识结构与等级知识结构而言，目前系统功能语言学的重要贡献在于语法隐喻是建构垂直性话语的重要语言资源。

3.2.2 语境依赖与语境独立

伯恩斯坦认为教育话语的一个典型特征就是去语境化语言的使用。他指出，社会关系选择性地作用于交际原则与交际中心，进而产生说话者的阐释、关系、身份原则（Bernstein，2000）。换句话说，社会关系规约产生的意义和角色，这些意义有选择性地作用于词汇句法选择、隐喻和符号，因此语言与话语之间是社会结构，社会结构通过话语行为的塑造成为我们的心理事实，而话语形式的生成，即各种社会关系，与话语形式的指示特征是完全不同的。所有的特征不是由语言特征产生的，而是由意义特征产生的，即潜在意义的取向。

早期的语码取向依据意义的隐性或显性，语境依赖或语境独立，来区分详述语码与限制语码。在这些定义中，语义被视为语言体系的规约者，语码的一般定义强调意义、体现和语境之间的关系，因此语码是一种规约式原则，潜移默化地获得、选择及整合相关意义、体现形式，并唤起语境（Bernstein，2000）。依此定义，可以发现语码分析的单位不是抽象话语或单一语境，而是语境之间的关系。语码是语境之间关系的规约者，也是语境内部关系之间的规约者。此处所言的语境不取决于语境内部的关系而取决于语境之间的关系。语境之间关系产生界限标记，从而某一语境通过专门化的意义及体现得以区分。

对于去语境化语言的相关讨论基本聚焦于认知发展、书面语与口语对比、识读发展三方面，但是学界对其的定义并没有达成一致（Cloran，1999）。一般认为去语境化的语言是未植根于时间、空间或情形等即时语境的、独立的、自主的、非嵌入的语言（D'Anglejan & Masny，1987；Olson，1977；Donaldson，1987）。Bruner（1970：15）指出语境独立的语言就是去语境化的语言。去语境化的过程也是符号意义越来越不依赖于所使用的具体时空语境的过程（Wertsch，1985：33）。但在伯恩斯坦看来，语境依赖与话语的特定（particularistic）意义相关，而语境独立与话语的普遍（universalistic）意义相关。特定意义指话语相对隐秘地呈现准则、操作等的意义，普遍意义指话语相对清晰地呈现准则、操作等的意义，因而话语与其语境紧密相关，特定意义指向限制语码，普遍意义指向详述语码。

语码的语境定义由语码及其对具体语境的规约重塑，任何语境都有其自身的确切语义基础与语言体现。在参照 Halliday 的语境观点的基础上，伯恩斯坦进一步区分了语码取向的四种关键性社会化语境（critical socializing context）类型，即规约性语境、告知性语境、人际语境、想象性语境。一种语码是限制的还是详述的体现为在四种语境中意义是依赖的还是独立的。

从以上对语境依赖与语境独立的观点来看，伯恩斯坦教育社会学认为语境依赖与语境独立的关键在于语境中的意义行为，即意义与某一语境的关联与察识问题。

3.2.3　合法化语码理论的语义性原则

合法化语码理论的语义性原则（Maton，2007，2011，2013，2014a）将社会实践场域视为各种语义结构，此类语义结构的组织原则被概念化为由语义引力与语义密度表征的语义码。语义引力指意义与语境的关联程度，语义引力在高低两极的连续统内呈现相对的强弱变化。语义引力越强，语义就越倾向于语境或越依赖语境；语义引力越弱，语义就越脱离语境或越少依赖语境。语义引力的强弱分析取决于具体的语境。语义密度指语境中语义的压缩程度。与语义引力同样，语义密度也在高低两极的连续统内呈现相对的高低变化。语义密度越高，实践中语义的压缩度越高；语义密度越低，被压缩的语义就越少。实践中的语义压缩度与语义自身所处的语义结构相关，如图 3－4 所示：

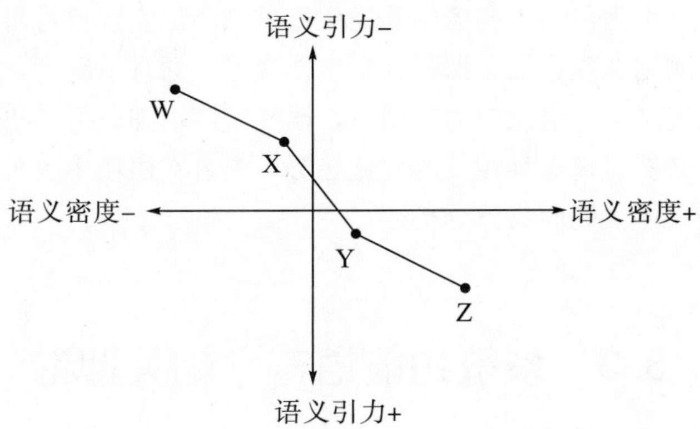

图 3－4　语义引力与语义密度（Maton，2014b）

上图为语义平面，语义引力由纵轴表示，语义密度由横轴表示，“语义引力－”表示语义引力最弱，“语义引力＋”表示语义引力最强；“语义密度－”表示语义密度最低，“语义密度＋”表示语义密度最高，W、X、Y、Z 分别表示不同的语义刻度移动。语义刻度随着时间的展开可呈现出不同的语义框架，如图 3－5 所示：

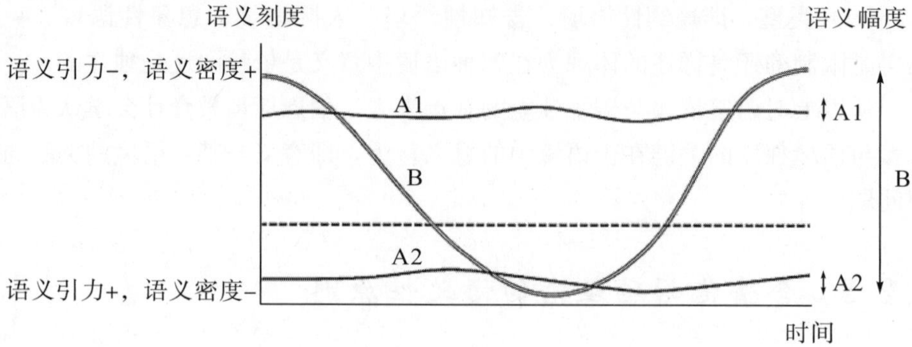

图 3-5 语义波的语义框架（Maton，2013）

上图中纵轴表示语义刻度，横轴表示时间，A1、B、A2 分别表示三种语义框架。可以看出，A1 的语义密度相对较高，语义引力相对较低，随着时间的展开，A 的语义移动体现的语义刻度的变化幅度不明显；A2 语义密度相对较低，语义引力相对较高，同 A1 一样其语义刻度的变化幅度也不明显；B 在开始时是语义引力低，语义密度高，随后，其语义引力呈现出逐渐降低向逐渐升高的移动趋势，而其语义密度呈现出逐渐升高向逐渐降低的移动趋势，其语义刻度的变化幅度明显。因此 A1、B、A2 分别体现在某一语境中不同行为实践或符号的语义框架。上图仅是语义波的部分简化表征，在实际的社会实践场域中，分析语义引力与语义密度的移动变化可刻画出实践或符号随着时间展开的语义框架，例如课堂话语、课程、学生作文等。通常情况下，当语义引力增强时，语义密度减弱，语义引力减弱时，语义密度增强，但是语义引力与语义密度二者并不必然呈现这种相反的变化趋势，二者在语境中也可呈现独立的变化，这需要视具体语境而具体分析。

3.3 系统功能语言学相关理论

“语言既能建构社会语境，也能被社会语境建构，语言又能再重新建构社会语境，社会语境又能再重新建构语言”（Halliday & Martin，1993：27），作为社会符号的语言与社会语境是互为体现的关系。语言是创造意义的资源，语法是创造意义的能量源泉，语篇是语境中意义协商与建构的基本单位。

3.3.1 语境

系统功能语言学认同人类学家 Malinowski 的文化语境与情景语境概念，认为话语的意义依赖于具体的情景语境。不管是口语语篇还是书面语篇，缺少语言情景的话语仅是虚构之物，自身不具有任何的表征意义（Malinnowski，1923：307），因而意义与语境的关系呈现依赖或独立的对立二分。

在系统功能语言学中，对于语境依赖的概念存有狭窄定义与宽泛定义两种看法。语境依赖的狭窄定义与衔接结构相关，最主要是外部指示，即人物、地点及事物等身份在共享的语篇理解环境中是可及的。比如，Hawkins 指出代词等语法项目的外指不是指示已经出现或将要提及的事物，而是指示说话者环境中的某物（Hawkins，1973：79）。语篇之所以是语境独立的或非嵌入的，不是因为其所指在此时此刻未呈现给感官，而是因为其指示本质上超越时空情形中能呈现的事物（Hasan，2001：409）。而从宽泛的语境依赖定义来看，语境依赖的语言指未完全包含言语互动所处的相关即时情景的所有特征的语言，语境独立的语言与此相对。当语境依赖用于互动中的语言时，可以这样解读：言语互动中，未清晰地囊括相关即时情景的所有特征的语言是语境依赖的。因此语境依赖的关键在于物质即时情景（material immediate situation）与相关即时情景（relevant immediate situation）的区别。相关即时情景是语言使用、言语事件的语言成分阐明的言语外情景的部分（Hasan，1995：219）。相关即时情景是物质即时情景的次范畴，而作为信息的语言在其中明晰地或隐秘地调用指示（Hasan，1973）。语境依赖的语言的隐秘性意味着言语信息的准确解码依赖于相关即时情景的察觉，而这种察觉源于情形资源而不是被关注的话语信息。换句话说，要理解言语信息的意义，解码者就必须利用其他信息资源，而不仅仅是所关注的语篇语言，而语境独立与此相反。

语境独立的语言是显性地囊括言语互动所处的即时情景的所有相关特征的语言，信息的准确解码取决于个人的语言理解，不需要额外的知识或语言资源（Hasan，2001；Cloran，1999）。Hasan 区分了两种去语境化语境，即事实（actual）语境与虚拟（virtual）语境。事实语境可以是近置的或位移的，与说话者的关系是感识的（sensible），而虚拟语境是非事实的、远离情景现实的，不能直接经历的，因而是智识的，而不是感识的（Hasan，2001：54），因此语境依赖的意义是事实语境产生的，即感识的经验世界，而语境独立的意义是虚拟语境产生的，即基于语篇现实的非亲身感识的智识世界。一段话语往往在不同程度上都涉及依赖与独立两种特征，这样的语言使用是不能迅速触及的，在社会群体中也是分布不均的。Hasan 进一步指出，语境依赖与语境独立不是对立式的范畴，而是一个渐变谱系。对共享情形的依赖越大，概述语境的语篇的语言就越不明晰（Hasan，1999b：231）。

在 Hasan（1993）看来，话语交际的语境不能被视为一种感观式的具体建构，其不是生理现象，而是与语境本质觉察相关的言语社区中的阐释，语境的身份由交际的言语意义定义。因此，意义行为事实上是语篇行为，语篇是社会互动的语言形式，是意义的持续推进（Halliday，1975a：37），这表明语篇是对语境本质的识别，从而由语篇可知语境，语言使用建构语境，意义交换是对语篇创设的语境的持续记录。换言之，语境与语篇是同一现象的两面，是同一符号功能的两个功能体，所指语境与作为语篇的能指意义通过体现而互相关联起来（Hasan，1993：363），语境的本质是符号的。

3.3.2 元功能

有别于传统的功能定义，系统功能语言学（Halliday，1978；Halliday & Hasan，1989；Halliday，1994）认为语言是多功能性的，元功能是语言的内在特质，语言如其所是原因在于其演变的功能。功能不仅是语言使用，也是语言的根本特征，是语义系统演变的基础（Halliday & Hasan，1989：16）。元功能的概念是对语境中的语言多功能性角色的抽象，其包括概念功能、人际功能、语篇功能。概念功能是对我们主客观世界的表征，提供建构主客观世界的资源，其又可分为经验功能与逻辑功能。经验功能表征部分与整体的粒子结构，建构自然现实，体现于词汇语法层的小句及物性系统与语态系统，而逻辑功能建构部分与部分的序列组织，体现于串行（serial）组织的主从关系与并列关系，其不是形式逻辑关系的描写，而是形式逻辑关系的语义网络。人际功能是对说话者与受话者之间的角色、关系、态度、情感等的建构（enactment），其建构社会现实，包括我们的态度、评价、意愿、期待等，体现于小句的语气系统、情态系统、评价系统等。语篇功能是对概念意义和人际意义的语篇促成，建构符号现实，体现于小句的主述位结构、衔接结构和信息结构。在层次化与实例化的抽象化渐变群中，语言功能的多样性映射到不同的层次化层级。

3.3.3 层次化

系统功能语言学认为“人的社会现实是通过语言的自我建构”（Halliday & Matthiessen，1999：3），此处的社会现实是概念、人际、语篇三股意义建构的社会现实，其语境由语言体现，二者是自然的关系。其中，语言是符号外延，语境是符号内涵，作为外延符号的语言是作为内涵符号的语境的表达平面，而语境是语言的内容平面（Hjelmslev，1961）。

在吸收参照 Hjelmslev 关于内容平面与表达平面的观点基础上，系统功能语言学认为语言是具有不同层次的复杂符号系统，层次化将不同层级的符号现实组织为一个抽象化的渐变群（Cline），语言的内容平面分为语义层、词汇语法层，语言的表达平面为音系层，语言的内容平面与表达平面是自然的关系。其中，语义层由词汇语法层体现，关注语篇整体的意义发生；词汇语法层关注小句的意义发生；音系层属于表达平面，词汇语法层由音系层表达。语义层与词汇语法层是自然的体现关系，而词汇语法层与音系层是任意性的关系，如图 3—6 所示：

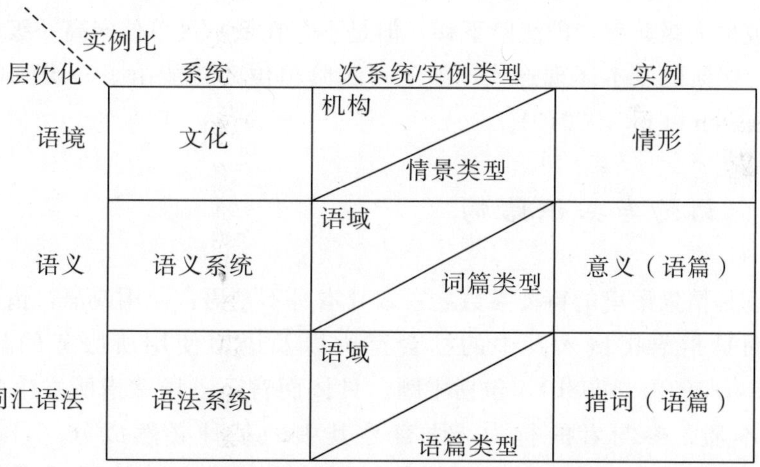

图 3—6　实例化与层次化矩阵（Matthiessen，Teruya & Lam，2010：125）

与语言的内部层次相似，作为内涵符号的语境层也具有两个层级。第一层级为社会过程、角色、关系等符号系统，即文化语境，是对作为意义交换的语篇的社会语境的阐释（Halliday & Hasan，1989；Halliday，2004；Matthiessen et al.，2010）。第二层级为语言和其他符号系统建构的符号系统，即情景语境，由语场、语旨、语式建构，文化语境与情景语境两个层级之间是实例化关系，不是层次化关系。需要指出的是，抽象化渐变群的各层次化层级之间不是一对一的关系链，而是非线性的意义形式关系，即各层次间既是体现的关系，也是元冗余的关系（Lemke，1984）。

3.3.4 级阶

系统功能语言学中，语言系统依据其所属单位高低、大小形成不同的单位关系，高层级单位由低层级单位构成，大单位由小单位组成，而对这种单位之间关系进行组织的刻度就是级（rank）（Halliday，1961：43），形成不同级阶（rank-scale）的等级单位，如音系层中的级阶为声调群、音步、音节、音位。在词汇语法层上，小句由词组或短语组成，词组由词组成，词又分为词素，因而词素、词、词组/短语、小句构成词汇语法层的四个级阶，尽管小句与小句可以构成更高等级的小句复合体，但是小句复合体在系统功能语言学中并不是词汇语法层中的一个级阶。词汇语法层的每一个级阶组织都由系统网络决定，任何级都是类（class）与功能的表征，类是级上的系统的入列条件。各级阶上的单位都存在排列、包含、重合三种可能性，当低一级单位中出现高一级单位时就被称为级转移，即级阶下移，但是不存在低一级单位向高一级单位的向上转移。级阶的基本体现形式，即上一级阶单位的功能由下一级阶单位体现（Matthiessen et al.，2010）。

3.3.5 语场与知识结构

语场是情景语境的特征参数之一，其本身不是语言使用或语言情景的组成部分，而是指语篇嵌入其中的社会行为以及语言使用所服务的具体目的（Halliday，1978，1998b），包括主题。具体而言，语场意指所发生的社会活动及其本质、参与者的行为，语言是其中的某种必然成分（Halliday & Hasan，1985：12）。在语境与语篇的相互预测关系中，语场决定及物性的形式，如参与者类型、过程类型、环境成分，即语义系统的概念成分。在Halliday的语场概念基础上，Martin（1992）将语场视为面向某种整体机构目的的活动序列，这些活动序列通过分类结构与组合结构来组织，涉及序列活动中的参与者分类、活动序列的排列顺序、语场内的时间因果等逻辑关系的安排。其中，分类结构主要涉及五种分类关系（Martin & Rose，2003，2007），即类与成员的关系、部分与整体的关系、对比关系、近义关系、重复关系；组合结构是核心关系的组织，即将人、物、过程、环境成分等进行配置组合的结构组织，其主要体现核心与边缘的及物性关系。活动序列的逻辑安排涉及活动时间及因果的内外连接等。Martin（1992）在参照伯恩斯坦的常识性话语与非常识性话语的概念基础上，按照语场的被理解方式与词汇专门化程度，建立了一个对语场的大致分类，如图 3－7 所示：

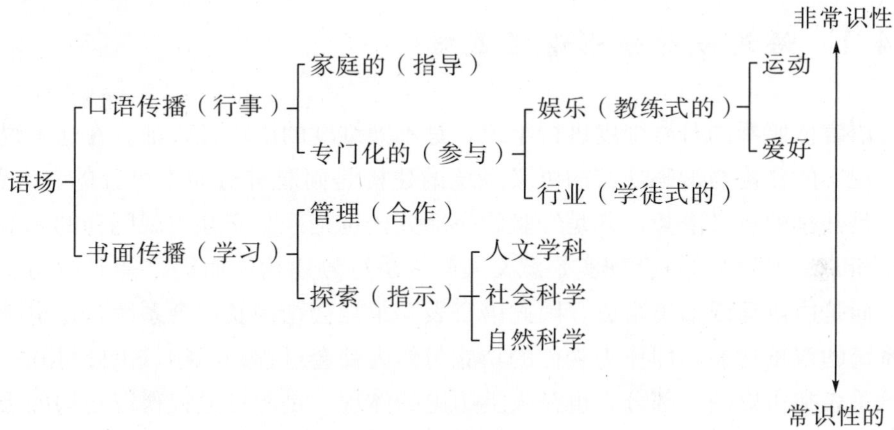

图 3－7　常识性语场与非常识性语场（Martin，1992：544）

上图是参照常识性话语与非常识性话语建构的语场类型的连续体，不同语场类型涉及不同的活动序列与事物分类，即从日常的通俗分类向非常识性的科学分类，而就分类而言，科学分类比通俗分类要深入得多。Martin 的语场类型学与 Halliday 的知识发展识别以及伯恩斯坦教育社会学的知识结构识别是一致的（Hao，2015）。

3.4　分析框架

在伯恩斯坦（1990）看来，语码是自然获得的选择、整合相关意义及其体现形式与唤起语境的规约准则。合法化语码理论的语义波事实上刻画了某一语境下平面话语与等级话语、限制语码与详述语码的互动转化过程。知识建构的过程就是语义波的移动过程，即话语的引力与密度持续变化的过程。从语言学的角度来看，语码是整个符号潜势中的取向差异，这种差异源于某一语境下语义潜势的差异凸显，也就是某些功能取向差异。语码在语言中通过语域实现，即不同情景类型中的语义特征集群，其规约语言的语义系统被语篇的情景决定特征激活的程序。对系统功能语言学者而言，伯恩斯坦将语境、意义与措词联合起来的语码，是一个熟悉的勾勒，即语境通过意义识解，意义又进一步通过措词识解（Cloran，1999：62），语境、语义、词汇语法三者是自然的、元冗余的关系。这种语境与语篇的自然元冗余关系正是语义波的分形谐振基础。

3.4.1 语义波的分形谐振基础

语言依照不同符号维度进行组织，是不同维度的语境化表征。在这一过程中，现实的建构与编码现实的语义系统的建构是同时进行而不可分的。因此，语言是共享的意义潜势，既是经验的一部分，也是经验交互主观阐释的一部分（Halliday，1978）。社会现实是意义大厦，是符号建构，而语言并非由句子组成，而是由语篇或话语组成，因此语言表征了社会结构及社会系统，这也是语言系统的双重功能，即作为表征的功能与作为社会过程的隐喻。由此可知，语言既是人类历史的一部分，也是人类历史的体现，是历史过程得以建构的手段（Halliday & Martin，1993），而语篇是基本社会情形的语义结构。

系统功能语言学将社会语境视为符号结构，将语境的符号结构视为三维的复合体，即发生中的社会行为、涉及的角色关系以及修辞或象征渠道。发生中的社会行为意指语篇嵌入的语场，包括主题；相关参与者之间的角色关系意指语旨，包括正式性；所选择的象征渠道或波段（wavelength）意指整个情景结构中语言被赋予的功能，被称为语式。语场、语旨、语式是社会语境得以表征为意义交换的符号环境的概念框架。依据语场、语旨、语式，给定足够明晰的符号语境特征，语篇相关的语义特征就可被预示。说话者的语境觉察激活了他的意义选择，反过来看，话语的意义选择也同样建构了语境。这种激活与建构的自然关系在意义与词汇语法之间也同样存在。因此，语境对我们所说的具有决定作用，我们所说的对语境也具有决定作用。通过情景语境的语域参数，可以预测语篇；通过语篇的语义特征可以预测语境。换言之，语境与语篇是系统与实例的体现关系，语言原本如此正是由其在人们生活中所具有的功能所致，语言的意义原本如此因其是社会互动语境的标示（signifier）。因此，语境与语篇的关系就如同系统与实例的关系一样，是同一现象的不同视角，如图 3-8 所示：

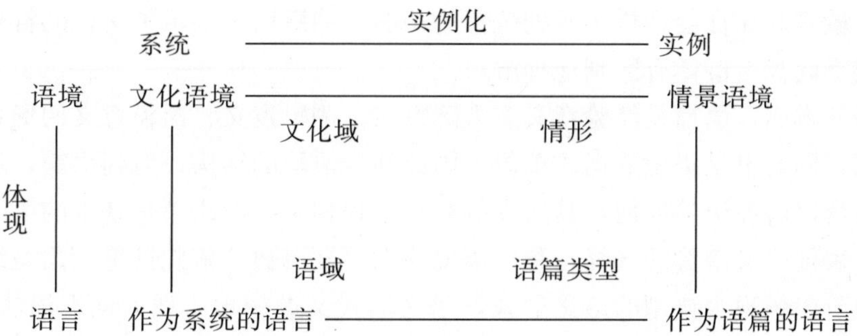

图 3-8　语境与语篇的关系（Hasan，2009）

情景语境是解释语篇如何与其所在的社会过程相关的理论建构，而语篇是基本的语义结构单位，表征语义潜势的选择，是已语境化的语义潜势。说话者可从既定情形中推测语篇，同样，受话者也可从既定语篇中建构其情形，因而语域概念提供了分析日常社会互动的语言学基础的手段，诠释了以语义形式体现的语篇特征与言语情形的抽象范畴相联系的过程（Halliday，1975b），因而语篇是语场、语旨、语式三者的多声合成（Halliday，1978），体现为整合的词汇语法结构。

3.4.1.1　语境与语篇的谐振关系

系统功能语言学专注于语篇与社会语境的亲近（solidary）关系，即相互预示的关系。话语的语境本身是符号建构，具有促使参与者预测其语域一般特征的形式。而语域是语义概念，是与语场、语旨、语式建构的情形配置相关的意义构型，包括由意义配置体现的表达、词汇语法、音系等特征（Halliday & Hasan，1989：39）。语场是情景语境的次范畴，即情形发生，包括社会符号活动及其涉及的经验范围。Martin & Rose（2007）视语场为一系列面向宏观机构目的的活动序列，包括参与者的分类关系、情形发生的核心关系、序列活动的排序关系。语式（Halliday & Matthiessen，2014：33）意指语言以及其他符号系统在情形中发挥的作用，包括意义（semiotic）活动与社会活动的分工、语言活动与其他符号活动的分工、修辞形式（即语篇对语场或语旨的取向）等。

语域是一个产生意义的符号系统，其本身范畴不蕴含词汇或结构，语域是语场、语旨、语式的系统配置。语场是语域范畴，而词项是体现语场的语言范畴。在语域层次上，语场通过所做得知，而在语言层面则通过如何得知所做而知。语域受制于语码，语码决定了言语情形中意义选择的运作。因此，个人所及的语域是其在社会结构中所处位置的功能，伯恩斯坦揭示了文化的符号系统如何被不同社会群体有区别地理解。

另一方面，语篇是经验意义、人际意义、逻辑意义、语篇意义的形式的内部组织，同时也是语境的运作单位。因此情景语境的结构投射到语篇，从而情景语境得以解释语篇如何与其所在的社会过程相关，而语篇是基本的语义结构单位，表征语义潜势的选择，是已语境化的语义潜势。依此推论，语境结构的成分或阶段体现为典型的语义形式，语义形式又进一步体现为词汇语法形式，词汇语法层的典型形式总是由语义层的典型形式调和。

由此，只有所言语篇的语境被知晓，所言语篇的意义才可被理解。换言之，理解了所言语篇的意义，语篇的语境也就可知了（Ure & Ellis，1977）。因此，“任何语篇，不论长短，口语的或书面的，都负载语境显示”（Halliday & Hasan，1989：38）。这种语境显示，即语境值，与其内部的意义具有系统性的对应。语境与语言的对应基于意义层级的功能组织，这种对应就是谐振，即语场值与概念意义谐振，语旨值与人际意义谐振，语式值与语篇意义谐振（Halliday，1978；Halliday & Hasan，1989；Halliday & Matthiessen，2014）。在层次化的模型中，三类谐振关系映射在不同的抽象化层次等级中。换句话说，语场、语旨、语式的配置体现不同的语言使用，即既定情形中的不同意义。

再次，语义与词汇语法是自然的体现关系，二者都属于语言的内容层，因而语义潜势也能依照词汇语法的措词潜势得以体现。语场、语旨、语式与语义系统是谐振的关系，因此与词汇语法层的措词也应是谐振的关系。语场值与概念意义措词谐振，语场通过语义层的概念功能得以表征；语旨值与人际意义措词谐振，语旨通过语义层的人际功能得以表征，语式值与语篇意义措词谐振，语式通过语义层的语篇功能得以表征。语场、语旨、语式是情形分类的基础，语篇是语境中的功能语言；语场、语旨、语式也是语篇分类的基础，情形的结构成分能够依据词汇语法体现的典型形式得到考察（Halliday & Matthiessen，2014：36），故而概念、人际、语篇的三维视角的语篇组织与语境、语义、词汇语法的三层次的语篇组织是契合的。Halliday 指出，元功能与语境的三参数是系统谐振的，同时产生语篇的相关的意义与措词（Hasan，2014）。简言之，语境三参数与语篇的特征的默认体现是参照词汇语法与语义层的元功能取向得以预测的，语境与元功能谐振的这种形式本身也是自然的（Hasan，2014）。

3.4.1.2　语境与语篇的分形结构

在系统功能语言学看来，话语意义是人类经验世界与对现实世界进行阐释的语言形式的界面。从这个角度来看，语境与意义的抽象编码关系被重述为意义与措词的关系，语境由意义体现，而意义由语篇的措词或词汇语法体现。作为符号建构的语境由三个抽象参数组成，即语场、语旨、语式，这就意味着在相应的意义层次也应包含类似的系统群集（cluster），相应的语篇层次也应由相似的语篇组织体现。也就是说，语境的组织形式与次一层级的意义组织形式形成分形结构，意义组织形式与其体现的语篇组织形式也呈现出相应的分形结构。Hasan（1993）指出这样的分形具有两个特征：

（1）每一个确切语境参数与确切的意义系统群集体现相关联，从而与语境相对应，意义在功能上是专门化的，即语场体现对语境中的活动序列及主题的建构，语旨体现语境中参与者之间互动关系及角色的建构，语式体现语境中接触渠道的建构，也就是说语场与概念意义相关，语旨与人际意义相关，语式与语篇意义相关。

（2）每一意义系统群集进一步与确切的词汇语法系统体现相关，从而词汇语法在体现语境的意义系统方面是功能的组织，即概念功能体现为经验建构的及物性系统与逻辑语义系统，人际功能体现为语气系统、情态系统、基调等，语篇功能体现为主述位结构及衔接系统。

由此，语境维度、语义维度、词汇语法的措词体现维度三层级上呈现出类似的分形结构。Hasan（1993：368）将这种分形结构称为语境、意义、措词的共生（co-genesis），如表 3−2 所示：

表 3−2　元功能谐振：语境、意义、措词的共生

<table>
<tr><th>元功能</th><th>语境参数</th><th>意义系统</th><th>措词系统</th><th>措词结构</th></tr>
<tr><td>人际功能</td><td>社会关系
（=语旨）</td><td>角色交换；盖然性评估；义务</td><td>语气系统；情态、意态系统</td><td>韵律的
（prosodic）</td></tr>
<tr><td>经验功能</td><td rowspan="2">社会活动
（=语场）</td><td>事件情形；现象分类</td><td>及物性系统；词汇系统</td><td>割裂的
（segmental）</td></tr>
<tr><td>逻辑功能</td><td>事件情形关系；现象分类关系</td><td>扩展、投射系统；修饰</td><td>反复的
（iterative）</td></tr>
<tr><td>语篇功能</td><td>语言活动与接触
（=语式）</td><td>出发点；身份及信息焦点；相似性</td><td>主位、信息系统；衔接</td><td>周期的
（periodic）</td></tr>
</table>

意义层级式三分的系统组织就意味着，相对其他系统而言，每一任意系统项的选择是独立的。例如，语气系统的极性与非极性的选择不受及物性系统中的及物或非及物选择的限制。进一步说，每一个词汇语法系统建构一个具体的意义系统，这一意义系统又进一步与某个语境参数呈相关性体现关系。反过来说，每一个语境参数都与某个语义系统呈相关体现，这一语义系统又与某一词汇语法系统呈相关体现的关系。由此，语境与语篇的相互预示关系可在三个抽象化层级中的任一层级得以识解，包括词汇语法层。正如 Schleppegrell（2004）所言，三维视角将词汇语法表达的意义与功能联系起来，阐释语篇的整体语言特征。

综上所述，语境与语篇的预示关系经语境、语义层与词汇语法层的分形建构，“源自措词的语义建构与源自意义的语境识解并不是分离的活动，而是接连的延续”（Hasan，1995：195）。情景语境的语场、语旨、语式配置激活了语篇结构的成分，反之，语篇结构的成分识解了情景语境的配置。由此可以推论，语境显示对应其语篇体现的符号抽象化等级组织，合法化语码理论的语义引力参数体现了从语境切入的分形维度，关注语境与意义的依赖关系，而语义密度参数体现了从语篇切入的分形维度，关注语境中意义组织的压缩关系，因而分形结构是语境维度与语义维度的语义波的本质属性。Maton（2013：17）指出，“从微观层面到中观层面再到宏观层面的层次移动基于先前的知识波状，语义框架可以以分形的方式显示出波状的波状”，“合法化语码理论中的概念体现了其分形能力”（Maton，2014b：44），因而分形结构是合法化语码理论与系统功能语言学的语义波理论进一步契合的基础。

因此，从词汇语法层出发，分形可体现语义波的词汇语法的建构本质，进而建构语义波的拓扑性。探讨语义波的分形词汇语法将为合法化语码理论的语义波显性识别提供客观的转化手段，同时弥补系统功能语言学对语义波改造的不足。

3.4.2 语义波的分形词汇语法

3.4.2.1 分形的定义

分形（fractal type）是来自数学领域的概念，系统功能语言学者 Martin & Matthiessen（1990）在语言同源相似性的拓扑描写中较早提及了分形相似性，后来 Matthiessen et al.（2010）更详细地阐述了分形的定义。分形原则贯穿于整个语义系统，它不仅凸显语篇中的跨现象语义范畴，也体现了语义系统的宗源性（agnation）。分形是指发生于各种语义环境中的量级各异多变的相同语义组织模式的原则（Halliday & Matthiessen，1999：223）。分形原则在语义环境中的建构体现为语义组织与语义环境之间的相互依赖性与压缩性。概念、人际、语篇三股意义组织在各自的语义环境中体现出语义环境对语义组织的不同凸显。经验环境建构概念组织，如参与者、过程、成分；人际环境体现语气组织，如主语、限定、剩余成分等；语篇环境促成信息语篇组织，如主位、述位、新旧信息等；逻辑环境建构连续性与反复性语义组织，如图示复合体、过程复合体，成分复合体等。另外，概念组织不能在人际环境中建构图示组织，如同人际组织不能在经验环境中建构语气组织一样，因为语言的三大元功能只能在自身的语义环境中做出选择，在不涉及跨语法语义域的条件下，跨越语义环境进行选择的可能性微乎其微（Halliday，1978；Halliday & Matthiessen，2014）。因此，语义环境的语义组织常常是元功能语义中和（compromise）的体现，在中和的过程中凸显某一功能语义。

其次，由于分形是具有相同的语义性的组织原则，各分形位于不同的语义环境之中，因此相同的语义性是分形宗源性的基础，分形因而在语言的概念、人际和语篇三大意义基块中具有不同表现形式，是语义和词汇语法系统在不同环境中呈现出的同性语义模式（Halliday & Matthissen，1999；赵文超，2016）。分形贯穿于不同环境下的语义和词汇语法系统的普遍语义形式，因而从语篇的语义到小句之下单位的语法都是分形的体现（Halliday，1982；Martin，1995b；Matthiessen et al.，2010），这也体现出分形的“形分义合级异”的组织特征。

3.4.2.2 分形的基本原则

系统功能语言学（Halliday & Matthissen，1999；Matthiessen et al.，2010）认为语义分形是元功能的内部运作。在概念元功能中，扩展与投射的逻辑语义类型是不同逻辑和经验环境的组织形式，包括整个语篇、语篇中的修辞段落、小句联结的配列环境、小句的及物性环境、名词词组的修饰环境；在人际元功能中，不同人际环境有不同情态评价类型，如小句和名词词组及其在语篇段落中产生的韵律形式；在语篇元功能中，语篇性（主位性和信息性）原则在不同环境中呈现，如整体语篇、语篇中的段落、小句复合体、小句、名词词组以及动词词组。

扩展与投射是语义分形的基本原则，在语义复杂性各异的层级中呈现出跨现象与分形的组织类型。从系统功能语言学来看，语义系统的分形表现环境大致可分为三种，即序列内环境、超序列环境和语篇符际环境（赵文超，2016）。而作为经验事实类分的序列、图示、成分构成了各种语义序列内环境的三层复杂性层级。因而，视角的变换可促使某一层级的意义配置不仅在默认的复杂性层级中做出选择，而且也可以在次复杂性层级中做出选择（Halliday & Matthiessen，1999：95）。分形原则体现为在多变的语义环境中形成语义层级多变的相同语义组织。以某一语义层级为基点，在各复杂性层级间的分形建构依赖于对词汇语法资源的调用，分形可建构为词汇分形与语法分形；以某一组织形式为参照，分形体现出同一层级建构不同复杂性的语义单位。选择词汇分形，语法单位的语义层级较低，语义重量的浓缩度较高，因而经验范畴的词汇建构的精密层级较低；选择语法分形，语法单位的语义层级较高，语义重量的扩散度较高，因而经验范畴的语法建构的精密层级较高，如例 3－1 所示（参见 Halliday & Matthiessen，1999：92）：

例 3－1：

(a) Somebody creams butter or other fat.

(b) Somebody beat butter or other fat either solo or with sugar or other ingredients until it is smooth and creamy.

上例中，例（a）属于选择词汇分形类型，小句的语义复杂性层级为图示，相对例（b）较低，语义重量的浓缩度较高，而例（b）为语法分形类型，小句的语义复杂性层级为图示复合体，相对例（a）较高，语义重量的扩散度较高。因此，从精密度的层级来看，例（a）比例（b）分形更不精密。

3.4.2.3 分形的涌现途径

扩展分形与投射分形是语义系统产生新意义的主要资源（Halliday & Matthiessen，1999：224），因而扩展与投射是跨越各种现象范畴的运作，在一定程度上说，跨现象范畴是分形的元意义类型。从整体上看，分形构成了语义系统的额外的相似性，在不同的复杂性层级中体现跨现象范畴的词汇语法势必无法估量，具有相当的复杂性、普遍性、多变性。

在语义系统的序列内环境中，语义系统的序列、图示、成分三个层级蕴含着各范畴与分形的交叉跨越，因而在词汇语法资源的调用上，三大元功能与三个复杂性层级呈现出谐振效应，涌现出不同的分形途径。

3.4.2.3.1 跨范畴与级转移

在序列复杂性层级上，分形的发生主要体现于跨范畴与级转移。序列由图示组成，语法中体现为小句复合体，具有连续性串行特征，建构经验分类的部分与部分的关系，因此序列是逻辑语义的扩展。但由于构成序列自身的图示复合体本身并不只是建构经验的部分与部分的语义关系，图示本身也可体现部分与整体的经验合成建构，因而图示与序列不同，其不是连续性的串行，而是功能本质各异的合成配置。图示由参与者、过程、环境成分等功能各异的配置建构，图示自身的词汇语法配置是合成的（composite），因此图示复合体构成的序列的逻辑语义串行的范畴跨越与构成图示的功能各异的成分配置相互交织，使序列层级的复杂性分形愈加复杂，如例3—2所示（Halliday，1998a）：

例3—2：

(a) A happened，then B happened.

(b) A happened before B happened.

(c) When A happened，B happened.

(d) A happened，B happened.

(e) A happened and then B happened.

(f) Following A happening，B happened.

(g) B happened preceding to A happening.

(h) Circumstance A，B happened.

(i) B happened，with/accompanied by A happening.

(j) A happening precedes B happening.

(k) B happening follows A happening.

(l) B happening previous to A happening.

从例（c）到例（l）的跨范畴分形建构呈现出“序列→图示→参与者→过程→环境成分→修饰语”的差异变化，A语义单位与B语义单位及二者之间的语义关系的建构体现出对功能各异的词汇语法资源的调用，但是各层级的复杂性都遵循跨范畴与级转移两种主要分形途径，即“序列→图示→参与者→过程→环境成分→修饰成分”的范畴转换与“小句复合体→小句→词组/短语→词”的级阶转移（包括嵌入）。不同的复杂性层级变化、不同的词汇语法范畴跨越体现对逻辑语义、经验语义、人际语义甚至语篇语义的不同调用及合成。

3.4.2.3.2 向心压缩与离心扩散

在语义分形的跨范畴与级转移过程中，各复杂性图示层级也体现出语法的向心压缩与离心扩散的区别性特征。向心压缩是多个语义压缩到一个图示的分形过程，在此过程中，小句图示化的功能参与角色与词汇语法的压缩配置体现小句信息的丢失与增加以及逻辑语义向经验意义转化的经验化扩展。换言之，图示中的参与者与过程的核心角色配置具有压缩选择小句环境成分的分形潜势。小句环境成分通过这一分形过程进入图示的核心配置，从而获得图示化的核心角色功能，被建构为参与者或过程，为新的环境成分配置留出参与性角色空间，小句的图示化由此得到进一步扩大而展开。

离心扩散是指一个语义由多个分形组织体现，其方向与向心压缩相反。语义的扩散呈现多个图示，建构为多个小句或复合体。各个小句图示之间是语义同源的分形关系，同源性包括相似性与差异性。相似性是体现措词同源的基础，而差异性是体现措词有别的基础（Halliday & Matthiessen，2014：673）。同一语义组织离心扩散至多个图示，及物性的核心配置因而可体现每一个图示的相似性，而图示化对于参与性的环境成分的差异配置体现了图示的差异性，即环境成分的核心配置与非核心配置导致整个图示化的语义产生经验化分形的差异，同时也将给图示中的环境成分配置选择不同的语法空间。通过隐喻，新的语义域向新的体现域扩散，从而语义与措词的自然关系得到进一步延展（Halliday & Matthiessen，1999：241）。

3.4.2.3.3　词汇选择与语法选择

任何复杂性层级的跨现象与分形都涉及在词汇与语法中的选择，语义范畴通过体现手段，在语言的词汇与语法中得以建构（Halliday & Matthiessen，1999：97），这体现出在词汇与语法两端之间的从最概括到最精密的词汇语法移动，如图 3－9 所示：

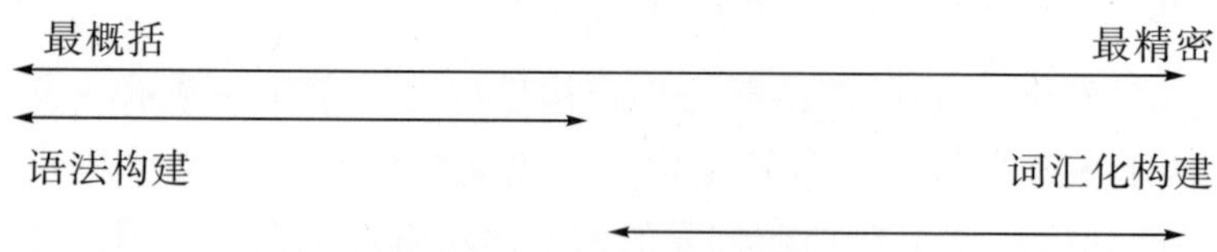

图 3－9　词汇选择与语法选择

图 3－9 中，左端为语法建构区域，体现语义范畴的概括性建构；右端为词汇化建构区域，体现语义范畴的精密性建构区域。任何层级的跨现象与分形在语篇中都体现为对词汇语法资源的选择，词汇语法资源的不同选择体现对语义范畴的不同精密程度的建构，即语义范畴在语义系统网络中的定位（Halliday & Matthiessen，1999），如例 3－3 所示：

例 3—3：

(a) He washed it clean.

(b) He cleaned it.

(c) He made it clean.

(d) I think you are very clever.

(e) To be honest，you are very clever.

(f) Obviously you are very clever

在上例中，(a) 为图示过程的语法选择的建构，即“参与者＋过程＋目标＋特征”的及物性结构；(b) 为词汇选择的建构，即“参与者＋过程＋目标”；(c) 也为语法选择的建构，即“参与者＋过程＋参与者＋范围”。可以看出，(a) 的语法选择的精密度最高，(b) 的精密度最低，(c) 的精密度较 (b) 高。也就是说，语法选择的分形建构体现对语义组织环境的依赖，因而精密度较高；词汇选择的分形建构体现对语义组织环境的脱离，因而精密度较低。再看例 (d) — (f)：(d) 为小句复合体，“I think”体现人际语义的主观显性投射；(e) 为非限定小句与限定小句的复合体，其中“to be honest”体现人际意义的主观显性投射；(f) 为小句，“obviously”为人际成分，体现人际意义的客观隐性投射，也就是说体现人际意义的分形投射，呈现小句式的语法选择分形与非小句式的词汇选择分形。小句式的语法分形体现对投射环境的具体明晰化，而非小句式的词汇选择分形体现对所投射语义组织的明晰化；语法选择分形体现对投射组织环境的较高依赖性，而词汇选择体现对投射组织环境的较高脱离性。

3.4.3　语义波的分形建构*

针对前文所述的语义波存在的相关问题，我们认为语义引力与语义密度建构的语义波的根本属性在于语境与语篇的分形形式，语义波的语义框架可以基于语境与语篇的分形形式来概念化，建构意义的抽象化程度与复杂性程度。

分形作为语义系统中跨现象的普遍原则，跨越不同的语义组织环境，在不同的语义复杂性层级中呈现出不同的变异，建构量级各异的同性语义类型。因而各语义类型在不同复杂性层级上体现出对语义组织环境的不同依赖程度，对三股功能语义的不同压缩程度，对词汇语法资源的不同选择；位于语义系统网

* 该小节所论述的内容为笔者论文《论语义波分形的词汇语法：系统功能语言学视角》的一部分。该文章拟发表于《外语教学理论与实践》(期号待定)。

络的不同语义空间位置体现不同语义重量的语义类型的建构。尽管语义本身是无法量化的，但是具有动态建构性的语义波可体现语义环境中语义与语境的依赖度与压缩度，呈现出语义引力与语义密度的动态变化，二者在语义环境中的汇聚点可以定位语义环境中的某一语义类型的空间位置，因而体现出对语义系统分形的量级各异的语义类型的建构。需要指出的是，以往语义波的建构关注语境与语篇层次，而下文中的语义波基于语义密度与语义引力的互逆性，以语义密度为前提，聚焦于词汇语法层次。

3.4.3.1 序列分形的语义波

依据上文所述，序列体现为复合体，由两个或以上的图示构成，是以相互依赖的逻辑语义为基础形成的串行语义组织，建构为并列与从属两种组织关系。作为扩展与投射的逻辑语义复合体也可出现于小句之下的各种复合体中，如名词词组复合体、动词词组复合体、副词词组复合体、介词短语等。因而类似于序列的语义分形组织可出现于三种复杂性层级中，如表 3−3 所示：

表 3−3 序列分形层级

<table>
<tr><th>级阶</th><th>层级</th><th colspan="2">语义波</th><th>层级</th></tr>
<tr><td>小句之上</td><td>小句</td><td>语义引力</td><td>语义密度</td><td>小词</td></tr>
<tr><td rowspan="3">小句之下</td><td>名词词组</td><td rowspan="3">+ ↓ −</td><td rowspan="3">− ↑ +</td><td>名词词组</td></tr>
<tr><td>动词词组</td><td>动词词组</td></tr>
<tr><td>副词词组</td><td>副词词组</td></tr>
</table>

当同一语义范畴体现为小句之上层面时，其必然体现于序列复杂性层级，因而其语义分形由离心扩散的语法选择分形体现；当同一语义范畴体现为小句之下层面时，其具体情形会比小句之上复杂，因为其语义分形不是仅涉及一个层面，而是涉及两个层面，即一方面是与串行组织不同的整体与部分的配置性组织，另一方面也具有部分与部分的配置性组织，如例 3−4 所示（Halliday，1998a：35）：

例 3−4：

(a) Osmolarity increases. Consequently putrescine is rapidly excreted.

(two clauses)

(b) Osmolarity increases, so putrescine is rapidly excreted.

(clause nexus：paratactic)

(c) Because osmolarity increases, putrescine is rapidly excreted.

(clause nexus: hypotactic)

(d) Osmolarity increasing leads to putrescine being rapidly excreted.

(clause: two rank shifted clauses, nonfinite)

例（a）—（c）体现为小句之上，是相互依赖的逻辑串行组织。（a）为并列关系，逻辑语义体现于小句之间的非结构性衔接；（b）也为并列关系，逻辑语义体现于词汇层面的结构衔接；（c）为从属关系，逻辑语义体现于因果关系的词汇衔接；（d）与前三者完全不同，涉及语义分形的两个层面，其一为小句复合体的向心压缩，即句首的名词化体现，其二为逻辑意义的“lead to”动词化体现，句首的名词化涉及小句图示之间的部分与整体的类分体现，其也可建构为“the increasing osmolarity”的整体体现。也就是说，（a）—（c）三者选择语法分形，而（d）选择词汇分形，因而（a）—（c）可体现为低语义密度的压缩与高语义引力的依赖，（d）体现高语义密度的压缩与低语义引力的依赖，（a）—（d）的分形特征可表征为（a）>（b）>（c）>（d）的语义引力减弱、语义密度增高的语义波分形。小句之下的分形较复杂，将在下文结合成分分形讨论。

3.4.3.2　图示分形的语义波

作为图示的分形组织主要体现于对参与者、过程、环境成分的不同经验配置，涉及小句图示的概括化与具体化视角，其分形途径是图示化的核心配置与非核心配置。中介与过程构成图示分形的核心，范围建构环境成分的图示处理，其中范围在具体化的视角下可体现于多种成分功能角色，如例 3−5 所示（Halliday，1998a：35）：

例 3−5：

(a) [Osmolarity increasing] leads to [putrescine] being rapidly excreted.

(clause: two rankshifted clauses, nonfinite)

(b) [Increasing of osmolarity] causes [rapid excreting of putrescine].

(clause: two nominal groups, verb as head)

(c) Increase of osmolarity causes rapid excretion of putrescine.

(clause：two nominal groups，mass noun as head)

(d) Increases of osmolarity cause rapid excretions of putrescine.

(clause：two nominal groups，count noun as head)

在上述相同语义的图示分形中，四例都是采用词汇分形，体现出高语义密度压缩与低语义引力的依赖，但是这四者也呈现出对参与者、过程、环境成分的不同配置分形处理。原本的并列关系在四例中被分形为因果关系，体现为动词化的过程核心配置。(a) 中的句首部分体现为并列名词词组复合体，建构小句核心图示，被配置为核心参与者，其中“osmolarity”为类别语，“increasing”为中心词，体现部分与整体的延伸逻辑语义；(b) — (d) 中的句首部分为从属关系的名词词组复合体，与 (a) 不同的是，其为部分的体现，建构增强的逻辑语义，其中 (b) 为特征实体，(c) 为个体实体，(d) 为集合实体，都是图示的核心参与者，因而凸显事物整体还是事物部分的选择体现出 (b) — (d) 的语义压缩呈现不断加强的趋势，同时小句尾部的参与者实体的语义分形也呈现“图示→特征实体→个体实体→集合实体”的语义密度不断增强的趋势，因此“参与者-过程-参与者”的图示的分形轨迹呈现核心配置的语义密度增强、语义引力减弱的变异趋势。与上文序列分形不同的是，其量级是从复合体向图示的向心压缩，因此序列的语义重量大于图示的语义重量，即图示相对序列在同一语义分形中呈现更高的词汇分形的语义密度、更低的语法分形的语义引力。

3.4.3.3 成分分形的语义波

成分由词与词组及短语体现，作为成分的分形在于其小句的缩小与词组的扩大。上文提到成分的分形过于复杂，就是因为其具有在不同层级复杂性中任意穿梭 (shunt) 的语法潜势 (Halliday & Matthiessen，1999)。序列可由成分建构，图示也可由成分建构，成分本身由词体现，但是其内部组织也可体现为扩大的词组与小句浓缩的短语，因此成分的分形组织的复杂性可借助图示配置的环境成分的动态性与连续性来说明。在不同的层级中，以核心参与者与过程为基点，不同的配置中呈现不同程度的语义组织依赖与语义压缩，如图 3-10 所示：

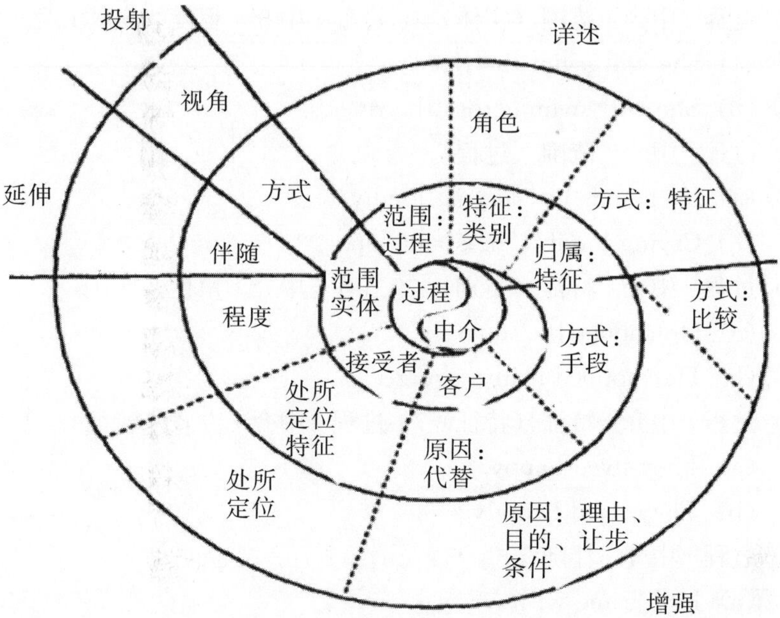

图 3－10　成分分形的参与度（Halliday & Matthiessen，1999：174）

可以发现，同一语义的不同分形在成分层级上可呈现不同的参与者、过程、范围成分的配置，不同的配置体现图示层级的核心与非核心配置，成分的向心与离心移动，根据上图，大致可归纳为如下类型：

（1）中介＋过程。

（a）The society is changing.

（b）The society changes.

（2）（agent）致使者＋过程＋中介//过程＋中介＋方式（手段）。

（a）He opened the door.

（b）The door was opened with a key.

（3）过程＋中介＋客户//过程＋中介＋原因（代表）。

（a）He accepted the invitation for her.

（b）He accepted the invitation because of her.

（4）过程＋中介＋接受者//过程＋中介＋位置（导向性）// 过程＋中介＋位置（定位性）。

（a）A parcel was sent to LA.

（b）He sent parcel to LA.

（c）He sent a parcel in LA.

(5) 过程+中介+范围（实体）// 过程+中介+程度（实体）。

(a) She will swim the river.

(b) She will swim across the river.

(6) 过程+中介+范围（过程）。

(a) He stands up, crying loudly.

(b) Crying loudly, he stands up.

(7) 过程+中介+特征（类别）// 过程+中介+角色。

(a) He chopped it squarely.

(b) He chopped it into square.

(8) 过程+中介+特征（特征）// 过程+中介+方式（特征）。

(a) They lived happy.

(b) They lived happily.

(9) 过程+中介+伴随。

(a) John came with Mary.

(b) Both John and Mary came.

(10) 过程+中介+位置（问题）// 过程+中介+角度。

(a) The board talked about the financial situation.

(b) According to the board, the financial situation goes well.

(11) 过程+中介+原因（理由、目的、让步、条件）。

(a) They left home due to the fire.

(b) They left home in case of fire.

(c) They left home if it was on fire.

上述归类的依据是成分首先在人际语境中可被建构为一个重要功能角色的参与度（degree of involvement），参与度指某一恒定参与者因相关变量系统的不同选择而表现出的过程实现上的差异（张玉波、杨炳钧，2016），这是因为逻辑关系首先是在人际语境中得以建构的（Halliday，1998a：26；Halliday & Matthiessen，1999：124）。过程是成分分形的组织核心，参与者是人际环境中的潜在的可争论性责任者，而环境成分在成分复杂性层级中被分形建构为成分，但是成分的分形涉及串行性序列、配置式的图示以及自身的经验与逻辑语义之间的相互依赖。也就是说，成分层级的分形涉及逻辑语义、经验语义、人际语义，甚至语篇语义的相互依赖，而且自身的结构又可建构为词、词组或短语，所以成分的分形变异比序列、图示更复杂。但是以中介与过程构成的核心为基点，以环境成分的变异建构为参照点，可以发现，越倾向外围边缘的成分分形，其语义分形的压缩度更低，语义的依赖性越高；越倾向核心的成分分形，其语义分形的压缩度越高，语义的依赖性越低。

在类型（1）中，（a）可体现为关系过程与物质过程，若为关系过程，其与（b）的语义引力与语义密度没有明显差异，若为物质过程，“is changing”体现的图示的语义引力将大于（b）的语义引力，语义密度将小于（b）的语义密度，因为物质过程体现的是言说行为时的事件。在类型（2）中，（a）的语义引力小于（b），语义密度大于（b），因为致使者“he”为核心体现，而（b）由方式词组“with a key”体现边缘性环境成分。在类型（3）中，“for her”与“because of her”是对同一语义成分组织的建构，“for her”更贴近图示核心，因而（a）的语义引力小于（b），语义密度大于（b）。在类型（4）中，（a）与（b）的差异在于致使者，而中介与过程一致，因而（a）的语义密度大于（b），语义引力小于（b），（c）与（a）和（b）的差异在于环境成分的建构，（c）中的“LA”为外部环境，而（a）与（b）为内部环境，因此（c）的语义密度最小，语义引力最大。在类型例（5）（7）（8）中，三者都涉及环境成分的内外移动，（a）的语义引力大于（b），语义密度小于（b）。在类型（6）中，差异在于语篇意义的主位结构，无标记主位的语义引力大于标记性主位，因此，（a）的语义引力大于（b），语义密度一致。在类型（9）中，（a）的伴随意义在（b）中被建构为核心参与者，因而（a）的语义引力大于（b），语义密度小于（b）。在类型（10）中，（a）的内环境成分“问题”被建构为外环境成分角度，因此，（a）的语义引力大于（b），语义密度小于（b）。在类型（11）中，（a）与（b）难以比较，但是两者与（c）不同，（a）（b）为内部环境成分，（c）为条件小句，因此（a）（b）的语义引力小于（c），语义密度大于（c）。

通过以上分析可以发现，成分层级的分形涉及太多维度，依照成分在图示建构中的参与度，越贴近中介与过程构成的核心的成分分形越近似于参与者，越远离其核心的成分分形越近似于环境成分，因而向心的成分分形体现语义引力减弱、语义密度增高的语义波，离心的成分分形体现语义引力增强、语义密度降低的语义波（罗载兵，2016），如表 3-4 所示：

表 3−4　成分分形的语义波

语义密度+ 语义引力−	中介+过程
↑	致使者+过程+中介//过程+中介+方式（手段）
	过程+中介+客户//过程+中介+原因（代表）
	过程+中介+接受者//过程+中介+位置（导向性）//过程+中介+位置（定位性）
	过程+中介+范围（实体）//过程+中介+程度（实体）
	过程+中介+范围（过程）
	过程+中介+特征（类别）//过程+中介+角色
	过程+中介+特征（特征）//过程+中介+方式（特征）
	过程+中介+伴随
↓	过程+中介+位置（问题）//过程+中介+角度
语义密度− 语义引力+	过程+中介+原因（理由、目的、让步、条件）

3.4.3.4　语义波的词汇语法分形轨迹

合法化语码理论的语义波从语境维度切入，关注语境下语义范畴的压缩性与依赖性，具有动态性、连续性、起伏性的拓扑特征。系统功能语言学者Martin的语篇语义学中的语义波体现不同语篇层次中的主位层级的预测性程度与述位信息的累积性程度，类似于篇章发展中的主题句在篇章首段落、尾段落，段落首句复合体、尾句复合体，段落首句、尾句等首尾位置的预测性与呼应性。而语义波的词汇语法维度主要体现语义环境中的语义组织在语义变异过程中的压缩性与依赖性程度，侧重对动态性语义范畴的拓扑建构。因而，语境、语义、词汇语法构成三层级的不同抽象化等级，分形是三维抽象化等级的统一性组织特征，而语义分形的本质在于不同语义复杂性层级中以经验意义、人际意义、语篇意义以及逻辑意义为基准的语义类分与语义合成在词汇语法上的分形建构，分别呈现对配列环境、及物性环境、成分修饰环境的组织。换句话说，任一复杂性层级都可以被其上或其下层级打包或解包，如成分修饰环境可被及物性环境或配列环境解包，及物性环境可被成分修饰环境打包或配列环境打包，配列环境可被及物性环境或成分修饰环境打包，也可以被超序列环境解包，因此语义波的分形语法轨迹大致可表征如图 3−11 所示：

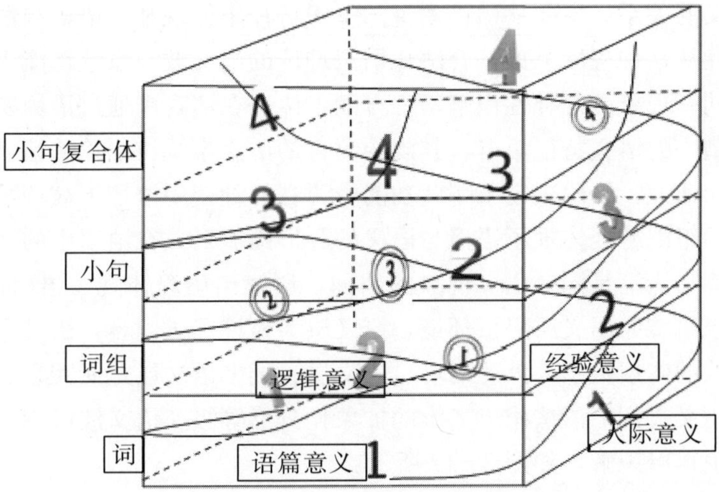

图 3－11　语义波分形的语法轨迹

上图中的正方体表征某一语义分形潜势；相同字体的不同数字分别表示某一语义组织在人际、经验、逻辑、语篇的语义维度的不同复杂性层级（词、词组、小句、小句复合体）上的扩展与投射；数字 1 表示词，2 表示词组，3 表示小句，4 表示小句复合体；分形轨迹以相同字体的 1、2、3、4 的顺序表征，自下而上看与自上而下看，以每一侧面的每一层级所涉及的侧边的中点为分形轨迹参照；每一字体的 1 至 4 表征语义潜势跨越不同侧面与复杂性层级的一种分形轨迹。每一语义侧面都含有至少四个复杂性层级，每一个意义分形都具有能够在各个复杂性层级上任意穿梭的潜势，自下而上地呈现出螺旋上升的分形轨迹。尽管分形轨迹在上图中不可能得到穷尽表征，但是级阶的转移、范畴的跨越、语义的离心扩散、语法的向心压缩、词汇的选择体现、语法的选择体现分别呈现出不同语义组织与其语义环境的妥协折中的元稳定状态。语义波的分形轨迹本质上是一种趋势性动态移动，其以每一侧面的建构量级大小各异的语义重量为参照，语义波的螺旋移动涉及上与下、中心与边缘、压缩与扩散的分形变体，体现出对不同语义组织的语义压缩、对不同语义环境的依赖。

3.4.4　语义波的三维分形模型

合法化语码理论的语义波用语义引力与语义密度两个参数来界定情景语境中意义与语境的相互关系，主要关注情景语境中意义的依赖与压缩，从而识解语境与语篇的分形关系。而系统功能语言学的信息波从情景语境的语式来分析语境与意义的关系，主要从语篇本身的组织特征来体现某一语篇与情景语境的关系，因此从某种程度上说，合法化语码理论的语义波与系统功能语言学的信息波是对同一现象的互补性识解。一方面，语码在语言中通过语域实现，即不同情景类型中的语义特征集群，其规约语言的语义系统被语篇的情景决定特征激活，换句话说，语码决定了哪些功能资源在哪种使用语境下被调用。另一方面，语篇的组织特征体现了语境与语义的分形谐振形式在语篇中的映射。也就是说，语境与语篇是同一语义现象的两面，语境由语篇体现，语篇建构语境。另外，情景语境为语义层提供环境，语义层为语境提供内容，语义层与词汇语法层是自然的体现关系，因此语境、语义层、词汇语法层是元冗余的关系，从而语境、语义、词汇语法构成三维的抽象化分形等级，语义波可在三维分形的任一等级中得以识解，如图 3-12 所示：

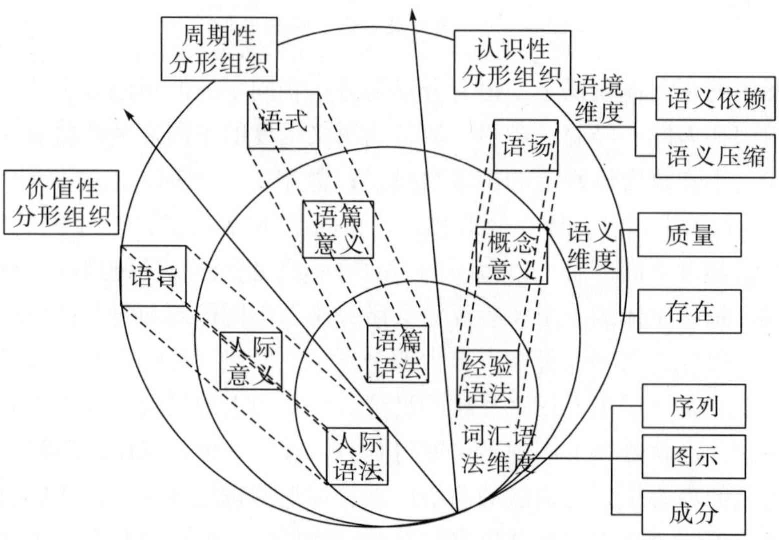

图 3-12　语义波的三维分形模型

从上图中可见，在系统功能语言学与合法化语码理论的对话整合框架下，语义波可分别依据语境、语义、词汇语法三个抽象化等级维度的分形组织得以识解，即人际意义取向的价值性分形组织、语篇意义取向的周期性分形组织、概念意义取向的认识性分形组织。语义波的三维分形基于语义引力与语义密度两个参数，以语义密度为优先出发点，依据语义密度与语义引力的逆反性特征，聚焦语境与语篇的相互预示关系。从词汇语法层出发，遵循自下而上的分形轨迹，即人际语法、人际意义、语旨三者构成价值性语义波的分形组织；语篇语法、语篇意义、语式构成周期性语义波的分形组织，其与系统功能语言学本身的信息式语义波是谐振的关系；概念语法、概念意义、语场构成认识性语义波的分形组织。另一方面，在语境层，语义波基于语义依赖与语义压缩，可以进一步对语境次范畴进行分形分析，如伯恩斯坦指出的规约性语境、告知性语境、人际语境、想象性语境，抑或 Hasan 指出的物质即时情形，事实语境、虚拟语境等语境层次范畴，基于不同的语境层次识解意义压缩与语境依赖。在语义层，尽管语义波的起伏移动动态框架未得以充分重塑，系统功能语言学的语义波也仅在语式范畴识解信息流动的周期性分形组织，尚未覆盖价值性分形组织与认识性分形组织，但是质量与存在的概念却提供了判定语义引力与语义密度的参数，语义波的语义框架判定可视具体语篇在质量与存在的相关参数中进行。基于词汇语法层，从语义环境的复杂性层级的序列、图示、成分三层级出发，依据语义波的不同分形涌现途径——序列层级的跨范畴与级转移，图示层级的向心压缩与离心扩散，成分层级的语法选择或词汇选择，且不同复杂性层级的分形涌现是相互交织并发的——语义波的移动起伏程度得以显性识别与判断，而不仅仅是判定语义引力或语义密度。请看例 3-5（Maton，2013）：

例 3-6：

Teacher：Okay [student's name] what are THE CILIA（成分 1）? WHAT WAS IT（图示 1）? No? [Student's name] DO YOU KNOW WHAT CILIA IS?（序列 1）No? SOMEONE MUST KNOW WHAT THEY ARE（序列 2）. //（波段 1）

Student：HAIRS?（成分 1）

Student：THE LITTLE HAIRS?（成分 2）

Teacher：The little hairs. AND BASICALLY，THEY BEAT IN AN UPWARD MOTION FROM INSIDE YOUR BODY OUT THROUGH TO YOUR NOSE（图示 1）. [Teacher is waving arms upwards]. SO，THEY BEAT UP AND THEY TAKE THE PATHOGENS AWAY WITH THEM.（单联序列）/And，guys，I don't know if I've ever told you this，but WHEN YOU SMOKE CIGARETTES，THE TAR ACTUALLY CAUSES YOUR CILLIA TO DROP BECAUSE IT'S SO HEAVY（多联序列 1），and so YOUR CILIA DON'T WORK PROPERRLY AFTER THAT BECAUSE THEY'RE TOO HEAVY. THEY'VE DROPPED（多联序列 2），so THEY CAN'T BEAT THE PATHOGENS OUT OF YOUR BODY（图示 2）! So that's one reason that smoking's bad as well. Okay! Alright，write this down

under description！//（波段 2）

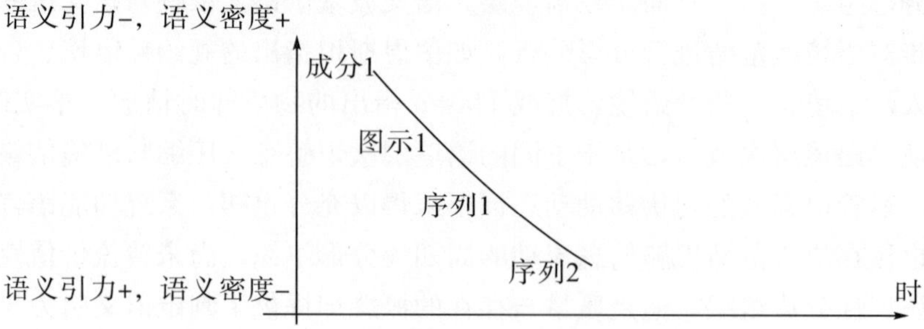

图 3—13　例 3—6 波段 1

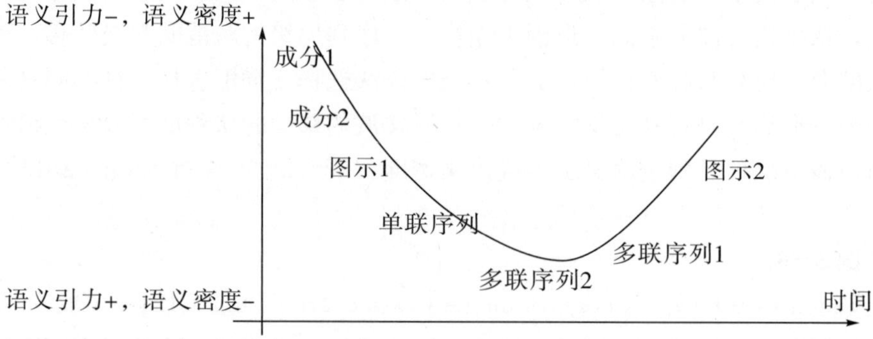

图 3—14　例 3—6 波段 2

如上所示，图 3—13 与图 3—14 是认识性语义波分形组织。上例中的大写部分为基于不同分形涌现途径的语义波移动，双斜线（//）表征语义波的移动波段，单斜线（/）表征语义波的一半波段。在波段 1 中，语义波呈现“成分 1>图示 1>序列 1>序列 2”的级转移分形途径，同时，成分 1 涉及词汇选择，图示 1 涉及离心扩散，“序列 1>序列 2”涉及范畴（性状）跨越，其呈现语义波的持续下移，即语义引力持续增强、语义密度持续降低的过程，严格来说，波段 1 并未呈现完整的语义起伏的移动框架，如图 3—13 所示。而波段 2 中，语义波基于“成分 1>成分 2>图示 1>单联序列>多联序列 2”的级上升分形途径与“多联序列 2>多联序列 1>图示 2”的级下降的分形途径，同时成分 1、成分 2 涉及词汇选择，图示 1 与图示 2 涉及离心扩散与向心压缩，单联序列、多联序列 2、多联序列 1 涉及级上升、离心扩散、语法选择的分形路径，其呈现了完整的起伏性语义框架，即语义引力由弱到强再到弱、语义密度由高到低再到高的波状过程。因此基于词汇语法层，成分、图示、序列的不同语义波途径客观显性地展现了语义波的动态移动框架，充分重塑了语义波的起伏动态，如图3－14所示。上例语义波涉及的分形路径在语义层中，从质量与存在的相关参数来看，只体现了对质量备选参数中的技术性、存在备选参数的象似性的选择，而从语境维度来看，则体现了对复杂的语义密度的优先选择。

语义波的三维分形是自下而上的分形建构，识解了语义波的语境、语义、词汇语法三个维度的元冗余体现关系，其本身是一个涉及不同维度的动态选择模式，有利于规避合法化语码理论的语义波框架识别的主观化倾向与参数选择的难题，为语义波的显性识别提供客观化转化手段，同时三维分形层级将系统功能语言学对语义波的改造扩展到词汇语法层次，进一步促进合法化语码理论的语义波与系统功能语言学的契合。

3.4.4.1　语义波的分形类型

基于三维的抽象化分形等级，语义引力是对语境显示的依赖程度的表征，语义密度是语篇体现的意义等级的压缩程度的表征，语义引力与语义密度都从语境维度出发，构成语义波移动的衡量基点，但并不是语篇中语义波移动的载体，因为其不是语言内部的组织结构。格律式的信息波则基于语篇语义层，语篇的内部组织特征体现为信息的意义流动。相比之下，语义波的分形建构从词汇语法层出发，因为语义与词汇语法都是语言内部的内容，没有词汇语法，就没有意义（Hasan，1993）。合法化语码理论对于语义引力与语义密度的形式有认识性（epistemic）与价值性（axiological）的区分（Maton，2014a），因此Maton指出，语义波有认识性语义波与价值性语义波两种类型。本文认为认识性的语义密度与语义引力的形式对应于系统功能语言学的概念意义，而价值性的语义引力与语义密度对应于人际意义。因此，本文中的语义波分形的载体是聚焦于系统功能语言学的概念意义的，简称为概念型语义波。而从语义波的分形语法来看，时间性与空间性同样也是概念意义的，因此基于时间性意义变化的语义波称为时间型语义波，基于空间性意义变化的语义波称为空间型语义波。基于概念意义的语法是将人类经验转化为意义的资源，建构事物与关系的世界，是人类经验的理论（Halliday，1998a；Halliday & Matthiessen，1999）。

由于语义波的分形建构是以语义密度为优先选择的，所以语义波的分形词汇语法同时将语义波的语义性、时间性、空间性纳入统一的概念意义框架之中，形成不同移动类型的语义波分形建构模式，如表3－5所示：

表 3－5 语义型语义波、时间型语义波、空间型语义波

<table>
<tr><td>类型
层级</td><td>概念型语义波</td><td>时间型语义波</td><td>空间型语义波</td></tr>
<tr><td>语境</td><td colspan="3" rowspan="3">语义性 → 认识性；时间性 ↓ 认识性；空间性 → 认识性</td></tr>
<tr><td>语义</td></tr>
<tr><td>语汇语法</td></tr>
</table>

语义波的三维分形模式从核心的词汇语法层出发，将不同移动类型的语义波移动载体统一起来衡量，因此，识解了不同类型语义波的词汇语法，就识解了其语义与语境层级；因为语义波是自下而上的三维层级的分形体现，也是元冗余的，所以语义波的词汇语法本身就是有取向的。

3.4.4.2 语义波的语义分形原则

语义波分形的词汇语法资源分析表明扩展与投射是语义分形的基本原则，而分形是在不同语义环境中呈现的同性语义模式。因此，基于对同源性意义的分形建构，语义波的分形原则可概括为：（1）上下的级阶移动原则，从小句复合体向词的级阶下移预示着语义引力的减弱，语义密度的增高，而从词向小句复合体的级阶上移，相应的语义范畴体现出语义引力的增强，语义密度的降低；（2）中心与边缘的图示化原则，语义范畴越倾向于小句图示的中心，即小句图示的参与者与过程的横组合结构，其语义密度增高，语义引力减弱，反之，越倾向小句的边缘，即参与者、过程、环境成分三者的建构，则语义引力增强，语义密度降低；（3）语法体现与词汇体现的压缩与分散原则，语法选择体现与词汇选择体现的区别在于语法体现是扩散的，而词汇选择体现是压缩的，因而对于扩散的语法体现建构，其语义引力是增强的，语义密度是降低的，而词汇选择的体现与此相反，其语义引力减弱，语义密度增高。

语义波的分形跨越不同的形式级阶，涉及不同的语义性状，包括语法类别与功能性状，体现出量级大小各异的词汇与语法结构的建构；中心与边缘的图示化建构体现出所涉及语义范畴自身的稳定性差异，是否被建构为固有的引力中心，以及图示建构中不同的参与程度差异。

3.5 小结

本章在伯恩斯坦教育社会学与系统功能语言学对话整合的基础上论述了本研究的理论基础与分析框架。具体而言，伯恩斯坦教育社会学理论涉及平面话语与等级话语、语境依赖与语境独立、合法化语码理论的语义性原则等概念；系统功能语言学理论涉及语境、元功能、层次化、级阶、语场与知识结构等概念。在此基础上，本章进一步指出了语境与语篇的分形组织与谐振关系，为语义波的系统功能语言学建构提供理论依据与建构基础。语境与语篇之间的分形形式与谐振关系体现了抽象化层次的分形等级（fractal hierarchy），同时，其既体现了语境对语篇的决定作用，也体现了语篇对语境的实例化。其次，语境与语义的分形等级形式和语义与语法的分形等级形式本身既是体现化的关系，也是实例化的关系，其一方面体现了语义波的分形能力，另一方面也要求语义波在词汇语法层得以识解。在此基础上，本章从语义波的语境、语义、词汇语法三层次探讨了语义波分形的三维等级，依据语义分形原则探析了语义波的词汇语法维度，指出了语义分形的跨范畴与级转移特征、向心压缩与离心扩散、词汇选择与语法选择的分形途径。在不同的复杂性分形层级上，语义波体现于不同的语义组织环境，即序列层级体现于串行的逻辑语义；图示层级体现于参与者、过程、成分的向心与离心配置；在成分层级上，成分在图示建构中的参与度可作为区别语义波的标准。本章进一步对语义波的分形载体进行了界定，指出概念型语义波、时间型语义波、空间型语义波都被视为认识性语义波的不同类别，语义波的分形建构遵循上下移动、内外移动、核心边缘移动，压缩分散移动的原则。因此，语义波的三维分形模式要求视具体语篇进行具体分析。

第 4 章　语义波的识别资源与矩阵框架

4.1　引言

语义波的三维分形模型在系统功能语言学与合法化语码理论的对话整合框架下，基于语义引力与语义密度两个参数，以语义密度与语义引力的逆反性特征为前提，聚焦语境与语篇的相互预示关系。尽管语义波的三维层级与分形模式体现了语义波的词汇语法分形建构，但是语义引力与语义密度的概念，其实质都是动态性的识解，而语义波是语义引力与语义密度连续性的强弱变化的语义框架。尽管上述的模型为语义波的客观识别提供了一种分析途径，但是其仍然没有解决语义波需要客观识别的具体层级单位问题，因此语义波的单位识别有一定难度与较大的主观性。合法化语码理论指出，对语义引力与语义密度构成的语义波需要视具体的语境及符号载体进行具体的分析（Maton，2014a，2014b），语义波本身的动态性与连续性需要语言内部的识别框架。

从系统功能语言学来看，作为社会符号的语言本身关注具体语境下的语言使用，其载体体现为实例化的语篇，语境与语篇的关系是相互谐振的关系，即二者有相互预示的特征。从语境出发，语义引力是对语境中意义依赖程度的表征，语义密度是语境中意义压缩程度的表征。而从语篇的角度来看，语义的依赖程度与语义的压缩程度同样能够得以表征，因为语境与语篇是相互预示的。因此，从语篇出发，语义波的具体识别层级及具体体现单位可以得到客观性界定。本章主要论述语义波的识别框架及识别资源，为后文在英语科普语篇中客观分析及识别不同类型的语义波给出具体的操作框架。

4.2　语义波分形资源的识别设计

Humphrey & Robinson（2012b）指出语义波的移动体现于高风险语篇中内含的学科知识的解包与打包，语义引力与语义密度的概念梳理了教师解释及学生书面语篇所涉及的因素，但没有提供显化地体现其所涉及的语言资源的元语言。因此，从社会符号视角来看，语义波的识别涉及语言资源框架的建构问题。而系统功能语言学提供的意义建构资源形式正好弥补这一缺陷，即语言与语境的关系是相互的：给定语境，就可以预测涉及的语言资源，给定语言资源，就可以预测相关语境。

通过凸显特定语言资源如何与特定语境下的意义系统相关联，Humphrey，Martin，Drefus & Mahboob（2010）建立了一个 3×3 的语言资源分析框架。在该框架下，语场与概念功能相互映射，在语篇中由过程、参与者、环境成分的不同配置建构；语旨与人际功能相互映射，由评价、情态等语法资源建构；语式与语篇功能相互映射，由主述位结构、衔接结建构构。同时，各语言资源的描述项在不同层级得以识别，即整体篇章、各语篇阶段（phase）、句子（包括小句）三层级。如从概念功能来看，整体篇章层级上分析语篇的开端、发展、结尾是否建构学科的具体话题知识或学科目的知识，也就是 Martin（2013）提出的权力写作“三明治”；语篇阶段分析话题是否依照学科标准得以定义或分类；句子层级上，名词词组是否表征学科内专门术语，动词词组是否表征语类相关的过程，环境成分是否明晰必要的时间、地点等，由于与各功能相关的具体描述项较多，此处不再一一枚举。总之，3×3 的分析框架基于语境与元功能的谐振，提供了语言资源分析的一个 9 单元矩阵。

在 3×3 的语言资源分析框架基础上，Humphrey & Robinson（2012a）进一步将概念意义分化为经验意义与逻辑意义两个次类，如表 4－1 所示：

表 4－1　语言资源分析的 3×3 框架（Humphrey & Robinson，2012a）

元功能	语言资源示例	语境关系
经验（表征概念的语言） 逻辑（概念连接的语言）	语法成分，如表达过程、参与者以及环境成分的名词词组、动词词组、状语； 展示组合与分类关系的类分	话题或学科语场； 语场内的话题与次话题的关系

续表

元功能	语言资源示例	语境关系
人际（与人互动的语言）	评价词汇与级差：修辞资源，如情态与让步	作者与读者的关系——语旨
语篇（产生组织衔接语篇的资源）	组织者：语篇预示与主题句衔接手段，如语篇连接词汇	口头或书面语篇的交际渠道

可以看出，与 Hasan（1993）的语境－元功能谐振一致，Humphrey & Robinson（2012a）建构的语言资源分析框架体现了元功能与情景语境的相互预示关系，将概念功能进一步分化为经验功能与逻辑功能，从而建构了一个4×4的语言资源分析框架。4×4 的语言资源分析框架聚焦语境与元功能的谐振关系，二者的相互谐振关系通过作为产品的语篇得以体现，将经验功能与逻辑功能从概念功能中分离出来，进一步对先前的 3×3 的语言资源框架进行更精密的优化。由此，上图中的分析框架提供了在特定语境下识别与界定重要的语义波符号资源的 16 单元矩阵，如下表所示：

表 4－2　语言资源分析的 4×4 框架（Humphrey & Robinson，2012a）

语言使用	篇章	段落	句子	词
概念表征（语场）	概念分阶段展开，达到语篇目的（如定位论述、论点、结论强化）	依照学科要求，概念形成阶段（phases），如论点、阐述、支撑观点、连接	名词词组，包括描述与分类的类别语与嵌入小句等	具体学科的术语，包括名物化
概念连接（语场）	用于语篇间概念关联的分析框架	概念在语篇相中的逻辑扩展（如，因果）	词组与小句的概念扩展或投射，形成结构化的简单句与复合句	关联型或报道型术语，定义、分类、因果体现
人际互动（语旨）	专业角色说服观众认同某一观点定位是可信的	主张得以支撑、证实、强化或维护	让步小句用以扩展，从而紧缩其他选择的空间	客观的、评价的词汇（如重要性、关联性）等
衔接语篇（语式）	语篇组织通过内容的框架、预示、回顾	信息形成从压缩的抽象的语言到确切的具体的解包的语言的波浪	句子开端聚焦话题与信息流动	抽象名词用以打包与概念追溯

以上的语言资源框架表明语言是多功能、多层级的意义资源，4×4 的分析框架的优越之处在于“系统地组织了促使语义密度与语义引力变化移动的语言资源”（Humphrey & Robinson，2012b：6）。依据语篇四层级上的发生实

例，语言资源得以松散地映射，从而元功能组织凸显的分析框架使单独的语言结构及功能与更宽泛的意义联系起来，促成语义波在语篇中的移动。可以看出，3×3 与 4×4 的分析框架本身就是基于语义的分形原则的，因而与本研究的语义波三维分形是契合的。

4.2.1　语义波的识别单位设定

作为社会符号的语言提供了语义引力与语义密度识别的意义资源。3×3 与 4×4 的分析框架为本文的概念性（包括时间性与空间性）语义波提供了一个参照框架。由于本文所指的不同类型语义波的载体限于概念意义，因而上述的语言资源识别框架需要进行适当的修正。系统功能语言学的语法分析是以小句为基本单位的，小句是经验建构、角色关系调和、语篇组织发展的基本单位，是日常经验的语法，但是语义波的分形途径遵循上下移动、内外移动、向心压缩与离心扩散的路径，因而语义波的识别单位具有较大的灵活性与变异性。另外，合法化语码理论强调语义波的动态识别，即对具体语境进行具体的符号分析。在当前的合法化语码理论的话语分析中并没有设定语义波的具体分析单位，但在涉及语言资源分析，在合法化语码理论之前，伯恩斯坦的教育社会学一开始就是运用系统功能语言学作为其本身的话语分析的操作框架的(Bernstein，1973，2000；Maton，2014a)，而 Hasan 与 Cloran 对语境依赖与语境独立的语言分析，同样采用与小句一致对应的消息（message）作为基本识别单位（Halliday，1975b）。

因此，综合以上因素，本文认同 Humphrey 等人建构的 4×4 的语言资源分析框架，语义波的分析单位可在语篇整体、段落、小句复合体、小句、词组、词等不同语义波段进行，可称为不同的分形层级，即在不同层级上形成量级各异的分形组织，以求最大化地体现语义波的分形本质。需要指出的是，不同类型的语义波层级或波段需就具体语篇进行具体识别与分析。

4.2.2　语义波的识别资源

Martin（2007）指出，从语言学分析的角度来看，伯恩斯坦的知识结构模式是纯概念意义的。本文认同这一观点，即认识性语义波分形的意义载体是概念意义的、粒子的，而价值性语义波分形的意义载体是人际意义的、韵律的。在系统功能语言学中，概念意义是对语境中语场参数的映射，是对人类客观经验世界与主观内心世界的表征，概念意义进一步分为经验意义与逻辑意义，由及物性系统建构，体现为由不同的参与者、过程、环境成分建构的一系列图示配置。每一个图示都提供建构某一经验领域的一种范式，体现为六种不同类型的过程，即物质过程、关系过程、心理过程、言语过程、行为过程、存在过程。六种不同的过程分别调配不同的参与者与环境成分，物质过程涉及动作者与目标；关系过程又分为两种，即集约型与识别型，前者为载体与特征的概念关系，后者为标记与价值的概念关系；心理过程涉及感觉者与现象；言语过程涉及说话者与话语内容；行为过程涉及行为者与客户；存在过程涉及存在者等。环境成分视不同的过程类型有不同的划分，一般涉及时间、处所、因果、方式、伴随等。这些建构不同图示类型的过程、参与者、环境成分等及物性资源将是识别英语科普语篇中的不同类型语义波的必要资源。

4.2.3 时间型语义波与空间型语义波的识别

从系统功能语言学来看，时间型语义波的载体也是概念意义的。依据Coffin（2006）提出的时间性识读的六种方法，所有的时间型语义波的资源无疑是体现时间建构的语言资源，各种建构时间性的语言资源形成连续性的语义波，被建构为不同的及物性概念角色。在Maton（2014a）看来，时间性可分为时间定位与时间定向。时间定位与Coffin的背景安排相同，而时间定向与排序相同（朱永生，2015a），因此本文结合Coffin的六种时间识读方法与Maton的时间定位与时间定向来识别时间型语义波。

与时间型语义波相类似，从系统功能语言学来看，空间型语义波的载体同样也属于概念意义的范畴。空间型语言表达是“采取从外到内，从内到外，从上到下，从下到上，从中心到周边，从周边到中心，从整体到局部或从局部到整体的顺序来说明事物的结构或特征”（朱永生，2015a：54），空间定位是对具体地点的确定，空间定向是对运动方向的确定，空间定位与空间定向的交互使用促成语义波的前进。因而，空间定位与空间定向的语言资源是空间型语义波得以识别的依据。

4.2.4 识别单位分类

语义波本身具有随语篇时间展开的起伏性特征，因此波峰与波谷之间具有不同的语义解包与语义打包的分形特征。在学科性语篇中，波峰往往是专门化知识的语义晶化（semantic distillation），波谷往往是对波峰的阐释或说明。从科普语篇来看，处于波峰的专门性知识一般位于科普语场的上位层级，而波谷常常涉及非专门性知识，一般是科普语场中的常识性知识的意义解包。从系统功能语言学的概念意义来看，语义波的概念资源涉及概念意义系统中的序列、图示、参与者、过程、环境成分，因此这些不同的意义构型在波峰、波谷间的语篇发生就是解包与打包的过程，就是专门性知识与常识性知识的互动，它们的差异在于形成不同量级的分形组织或波段。由此，语义波的单位识别分类具有三个特点：是否处于波峰或波谷，是否建构为序列、图示、参与者、过程或环境成分，是否是概念型语义波、时间型语义波或空间型语义波。本研究不考虑作为人际意义载体的价值型语义波。

4.3　语义波识别的单元矩阵修正*

综合上述因素，在参照 3×3 矩阵、4×4 矩阵的语义波语言资源分析框架的基础上，依据语义波的分形途径，本文对 4×4 的语义波语言资源框架有所修正，以此建构英语科普语篇中三种语义波类型的语言资源识别框架，如表 4－3所示：

表 4－3　概念型、时间型、空间型语义波的 5×5 识别框架

功能角色 / 分形层级	序列	图示	参与者	过程	环境成分
语篇	语义波类型，处于波峰/波谷	语义波类型，处于波峰/波谷	语义波类型，处于波峰/波谷	语义波类型，处于波峰/波谷	语义波类型，处于波峰/波谷
段落	语义波类型，处于波峰/波谷	语义波类型，处于波峰/波谷	语义波类型，处于波峰/波谷	语义波类型，处于波峰/波谷	语义波类型，处于波峰/波谷
小句复合体	语义波类型，处于波峰/波谷	语义波类型，处于波峰/波谷	语义波类型，处于波峰/波谷	语义波类型，处于波峰/波谷	语义波类型，处于波峰/波谷

* 本节及第 5 章的部分内容散见于笔者论文《基于语义波的英语科谱语篇之知识建构研究》（载于《教育语言学研究》2018 年第 1 卷）。

续表

功能角色／分形层级	序列	图示	参与者	过程	环境成分
小句	语义波类型，处于波峰/波谷	语义波类型，处于波峰/波谷	语义波类型，处于波峰/波谷	语义波类型，处于波峰/波谷	语义波类型，处于波峰/波谷
词组（包括介词短语）	语义波类型，处于波峰/波谷	语义波类型，处于波峰/波谷	语义波类型，处于波峰/波谷	语义波类型，处于波峰/波谷	语义波类型，处于波峰/波谷

从系统功能语言学来看，Martin 的质量与存在的概念对应于语义引力与语义密度，将语义引力与语义密度纳入了元功能的框架之中。而本研究的认识性语义波的分形建构以语义密度为优先选择，是从语场视角的切入，针对语言的概念资源而言，并且上述识别框架是对语义波的某一语义框架的识别，而不只是对高语义平线或低语义平线的某一语义框架的界定。因此，4×4 的语言资源识别框架在相对宏观的层面提供了语义引力与语义密度的语言资源识别模式，是对可能出现的不同语义框架的语言资源的界定，但是这与本文的语义波分形框架资源的识别不完全对应，因此上述的修正识别框架是仅对概念意义资源的不同语义框架的识别界定。

相比 4×4 的语言资源识别框架，修正后的识别框架范围更小，但却更精密，更适切。其具有 25 个矩阵识别单元，可以视为 5×5 的概念语言资源识别框架。需要说明的是，4×4 的分析框架中设置了段落与语篇的等级，这事实上超越了系统功能语法中的最高级语篇单位——小句复合体，即语义波分形的序列内环境。尽管复合体不是更高一级的语法级阶单位，而是某一级阶单位的扩展（Halliday & Matthiessen，2014：660），但是我们认为将段落与语篇视为具有等级性的概念更能体现出语义波的语篇地位与分形层级，即语义波分形的超序列环境，这也是符合语篇本身的分形层级本质的，因此小句复合体之上划分出段落与语篇两个层级。在具体的语篇操作中，段落内的小句复合体，包括单联小句复合体（clause nexus）（Halliday & Matthiessen，2004：8），仍被视为小句复合体层级，当其与段落完全重合时则被视为段落；语篇层级同样；最低层级的词层级并未设为识别单位，这是因为语义波本身是至少为词与词构成的语义框架，所以单独的词被排除在外，后文将加以说明。

4.4 语义波的语篇分析操作

本研究以语义波的三维分形模型为分析框架，以 5×5 的矩阵单元为语义波的语言资源识别框架，以英语科普语篇为语料来源，目的是分析不同类型语义波在英语科普语篇中的分形特征、谐振效应及建构资源。因此，在英语科普语篇中，语义波的识别与分析涉及两次操作。首先，运用 UAM 语料库软件，依据语义波的语言资源的修正识别框架识别出语义波的不同波段，界定语义波的类型，划分不同波段的波峰与波谷，标注不同语义波波段的语法资源。其次，依照语义波的三维分形模型分析语义波的分形特征与谐振效应，如下表所示：

表 4—4　语义波的分析操作

类型 分形等级	概念型语义波	时间型语义波	空间型语义波
语境	起伏性/连续性；起点/终点	起伏性/连续性；起点/终点	起伏性/连续性；起点/终点
语篇（语义层）	分类关系；核心关系；活动序列	时间定位/时间定向	空间定位/空间定向
词汇语法	分形层级/语义幅度/移动方向/语法性状	分形层级/语义幅度/移动方向/语法性状	分形层级/语义幅度/移动方向/语法性状

由此，任一语篇中上述三种类型语义波的分析操作具体涉及以下几个方面：

（1）语义波的分形层级：体现于词组或短语、小句、小句复合体、段落、整体语篇五层级。

（2）语义波的移动方向：如语义波的上升、下降，或“上升→下降→上升”又或“下降→上升→下降”等。

（3）建构语义波的语法性状：如序列、图示、参与者、过程、环境成分等语法资源。

（4）语义波的波峰与波谷：如语义波段的顶点与底点。

（5）语义波的语义幅度：如序列、图示、成分等对应的各分形层级之间的刻度。

（6）空间定位与空间定向结构成分：空间性表达成分。

（7）时间定向与时间定位结构成分：时间性表达成分。

请看例 4－1 示范语篇操作：

例 4－1：

//Imagine you are lying on your back, strapped into a chair, with your knees bent in front of you. You feel your heart beating with excitement as you hear a voice on the earphone inside your helmet counting down slowly, "Three, two, one." Then, beneath you, a deep rumble start as rocket fuel ignites in the huge engines. You feel a lurch as the docking mechanisms let go, and your rocket begins to rise. This is the moment Mae Jemison has been waiting and working for since 1987.// The first African-american female astronaut-in-training at the National Aeronautics and Space Administration (NASA), Jemison is scheduled to "fly" in September 1992. She is to serve as a specialist// on spacelab-J, a joint Japanese-American research project.//

【Mae Jemison was THIRTY-THREE WHEN she was selected for NASA's astronaut training program.】//Astronaut candidates must have science degree. They must be fit and healthy with normal blood pressure and good eyesight. They must stand between five feet and six feet four inches tall. They must complete a one-year training program that includes water-survival lessons and weightless walks in a huge antigravity tank.//

On the 1991 mission, astronaut Jemison says that// her "responsibility are to be familiar with the shuttle and how it operates, to do the experiments once you get into orbit, to help launch the payloads or satellites, and also to do extra-vehicular activities, or space walks."//

How did Mae Jemison grow up to become such a special person? //Science—especially astronomy//—fascinated her from childhood.

She also had a strong desire to help other people. 【Born in Alabama, but raised in Chicago, she studied chemical engineering and African-American culture and history at Stanford University.】To help others, she decided to become a doctor. 【WHILE still a medical student, she went to Cuba and

Kenya on study trips, THEN worked in a refugee camp in Thailand. She spent THREE YEARS in West Africa as a doctor with the Peace Corps. WHEN Dr. Jemison FINALLY returned to the United States, she settled in California to practice medicine. And it was THEN that she decided to reach for the stars. 】

【Mae Jemison's FIRST application to NASA was not successful. THEN, IN 1986, the Challenger space shuttle exploded, killing all aboard. NASA did not take in any new astronauts FOR ABOUT A YEAR . WHEN it finally reopened its application process, Mae Jemison was ready, and so was NASA. AFTER being selected as a minority astronaut, Mae Jemison received a good deal of attention from newspaper and television. 】 She explained to reporters that the space program and other fields in high technology offer promising careers for African-Americans and other minorities who study hard and make the most of their opportunities. (T−1)

在上面语篇示例中，概念型语义波可识别出 6 个波段，由下划线与双斜线标明，波峰由灰底方框标明；时间型语义波可识别出 4 个波段，由【】标示，时间定位与时间定向成分由灰底大写字母标示。可以发现，概念型语义波的波段具有不同的分形层级体现，如小句复合体之上、小句复合体、小句、词组等；4 个时间型语义波位于小句复合体或复合体之上，语义波段中由时间定位表达与时间定向表达的交织体现；空间型语义波将由灰底且不带方框的小写字母标示，在此语篇示例中尚未发现。此外，还可以发现有些语篇部分并没有任何标记，这是由于语义波是具有起伏性的语言资源的建构，语义波的分形识别框架松散地映射其语言资源的建构。

上述是语义波识别的第一次操作与分析。在此基础上，本研究将识别出的语义波段导入语料库标注软件 UAM 2.8，并进行编号。通过自建的语料标注框架（见附录 2），分别进行语义波的分形层级标注、及物性角色标注、波峰与波谷标注、语义波的语义幅度标注、空间定位与空间定向结构成分标注、时间定向与时间定位结构成分标注，概念功能的半自动化及物性分析，进而统计各语义波类型的分布情况以及概念功能角色，以阐释英语科普语篇中语义波的分形特征与谐振效应。

4.5 小结

语篇是语言所能的表征，是体现语言系统能量的可靠资源（Matthiessen，2009）。本章基于语境与语篇的相互预示关系，在 Humphrey 等人的 3×3 矩阵、4×4 矩阵的语义波语言资源识别框架基础上，讨论了语义波的识别单位、概念资源、时间型语义波与空间型语义波的识别设计与语言资源，建构了概念性语义波的 5×5 语言资源识别矩阵，提出了不同类型的语义波的识别设计涉及语义波的分形层级、语义幅度、移动方向、波峰与波谷、概念性建构资源等方面，为不同类型的语义波识别提供了一个客观显性的操作框架。正如 Maton 所言，语义波的分析需视具体语境进行，而基于语义波三维分形模型的语义波分析需要视具体语篇进行，因而英语科普语篇的语义波需要进行语篇的具体识别方可体现其本身的分形层级、移动方向、语义幅度、谐振效应等特征，后文将进行详细阐释。

第5章 英语科普语篇语义波的分形特征

5.1 引言

语义波的三维分形模型阐明了语义波分形建构的理论基础，语义波的分形词汇语法与识别框架阐明语义波显性分析与识别的客观依据，但是语义波的分形谐振特征需视具体语篇进行具体分析。本研究以英语科普语篇作为语义波的语篇分析对象，因此本章是对英语科普语篇的语义波的定性与定量分析。在语义波的三维分形模型下，依照语义波的 5×5 识别框架，本章回答以下问题：(1) 英语科普语篇的不同类型的语义波具有什么样的分形特征？(2) 这些不同类型的语义波之间具有什么样的区别与联系？具体而言，本章主要分析概念型语义波、时间型语义波、空间型语义波三者的分形层级、移动方向、语义幅度、波峰及波谷建构四方面。

5.2 英语科普语篇中语义波的出现类型

在本研究中，依据 5×5 的语义波识别框架，经过对相关英语科普语篇的语义波识别探析，英语科普语篇中上述三种语义波类型都有。其中概念型语义波出现 341 频次长度不等的波段，空间型语义波段出现 12 次，时间型语义波段出现 26 次，如图 5－1 所示：

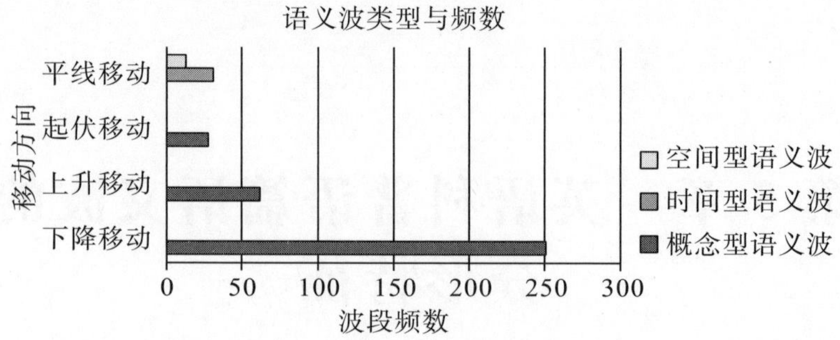

图 5－1　语义波类型与频数统计

从上表可以发现，在英语科普语篇中，概念型语义波最多，达到近 90%，概念型语义波是时间型语义波的 10 倍多，是空间型语义波的近 30 倍，而时间型语义波是空间型语义波的 2 倍多。相比之下，空间型语义波出现得要少很多。这样的结果，我们认为这与科普语场及语义波本身的分形途径有关。英语科普语篇是对不同主题的科普知识场域的建构，概念型语义波典型偏多是对科普语篇告知性知识的建构，而不是劝说性特征的凸显。为了尽可能典型呈现不同类型语义波的波段，本研究只对涉及语料的语旨与语式进行了统一，但未对主题不同的语场作限制，因此涉及不同主题的科普知识的场域对三种语义波类型的出现波段各有侧重。概念型语义波基于不同科普知识的概念意义在语篇中形成波长各异的动态语义波段，体现对科学知识性概念本身层级的建构与解构，在语篇中形成一个个单独的等级语义场。请看例 5－1：

例 5－1：

//The environment is everything that surrounds us：plants，animals，buildings，country，air，water—literally everything that can affect us in any way. //（T－72）

上例是对科普知识性概念“environment”的解构，依照系统功能语法的及物性系统对其分析（Halliday & Matthiessen，2004），“The environment is everything that surrounds us”是由主要小句“The environment is everything”与嵌入小句“that surrounds us”构成的小句，其中“environment”为识别型关系过程中的被识别者，体现为价值，而其后的嵌入小句为识别者，体现为标记；“plants，animals，buildings，country，air，water”为名词词组，在概念组织上是对“environment”的进一步明晰，因此构成“环境”概念的一个语义合成结构，“environment”为上位概念，其他为下位概念，如图 5－2 所示：

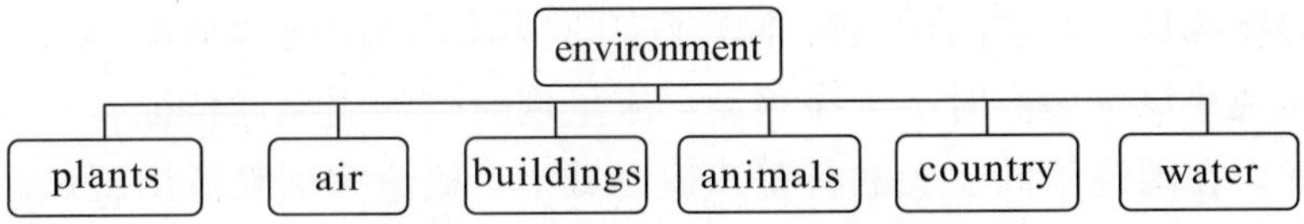

图 5－2　环境概念的语义合成结构

在识别型小句末尾又出现一个嵌入型小句，对“environment”的概念意义再做进一步补充。因此从语义波分形的词汇语法来看，上例是依照环境的概念意义展开的概念型语义波，语义波段为小句层级，波峰为“environment”，由关系小句的语法建构，其后为波谷，由词汇建构，之后的波峰又由嵌入转移的语法建构，因此语义波呈现“高→低→高”的起伏流动。上例表明，在某个科普语场中，语场本身蕴含的分类关系体现了对概念型语义波的语义引力与语义密度的一种控制，这种控制通过语篇本身的分形得以映射。

相比之下，时间型语义波与空间型语义波本身分别基于时间移动与空间移动的建构与解构，上例显然不是对时间或空间的知识建构。请看例 5－2：

例 5－2：

时间型语义波：

【Just as the discovery of the electron IN 1897 was seminal event FOR THE 20TH CENTURY, the seeds FOR THE 21ST CENTURY were spawned IN 1953, WHEN James Watson blurted out to Francis Crick how four nuclei acids could pair to form the self－copying code of a DNA molecule. Now we're just a few years away from one of the most important breakthroughs of all time's deciphering the human genome】. (T－76)

例 5－3：

空间型语义波：

【In Hanford, Washington, giant reactors were constructed to breed plutonium, and in Oak Ridge, Tennessee, an “atomic city” was built to separate U-235 from ordinary uranium; atomic bomb fuel from both places was trucked secretly to site Y, which was actually Los Alamos, New Mexico】. (T－22)

例 5－2 是时间型语义波与空间型语义波的语篇实例。在时间型语义波中，大多数时间性表达都被建构为及物性系统中的环境成分或后置修饰成分，空间型语义波中的空间表达同样。与概念型语义波相同，时间性表达体现了时间型语义波的连续移动，空间性表达体现了空间型语义波的连续移动。二者的共性在于仅体现语篇发展的时空顺序移动，未呈现时空的周期性特征。

因此，在围绕不同主题的科普知识场域中，概念型语义波出现最多，而时间型语义波与空间型语义波出现较少，三者的分布差异主要受制于科普场域的侧重及其本身的语义波形成途径。从语类的角度来看，时间型语义波通常可见于人物简介、自传、产品制作流程、工作方法、历史发展、文字演变、人物成长、动植物生长等叙事性语篇，而空间型语义波往往出现于旅游景点介绍、游记、小说、人物移动等叙事类语篇（朱永生，2015a：52）。

5.3 语义波的分形层级

概念型语义波、时间型语义波、空间型语义波具有显著的出现差异，三者在英语科普语篇中的分形层级也呈现出不同的层级跨越与分形途径，如表 5-1 所示：

表 5-1 语义波的分形层级

	概念型语义波		时间型语义波		空间型语义波	
分形层级	出现频数	所占比例	出现频数	所占比例	出现频数	所占比例
词	0	0.00%	0	0.00%	0	0.00%
词组	30	8.80%	0	0.00%	0	0.00%
小句	56	16.42%	0	0.00%	2	16.67%
小句复合体	240	70.38%	23	88.46%	10	83.33%
语段	13	3.81%	3	11.54%	0	0.00%
语篇	2	0.59%	0	0.00%	0	0.00%
频数合计	$N=341$		$N=26$		$N=12$	

从上表可知，语义波在各分形层级中共出现 379 次，涉及词组、小句、小句复合体、语段、语篇 5 个分形层级。在上述分形层级中，词层级没有任何一种语义波类型出现，词组层级上三种语义波出现 30 次，小句层级出现 58 次，小句复合体层级出现 263 次，语段层级出现 16 次，语篇层级出现 2 次。语义波的分形层级依次呈现小句复合体、小句、词组、语段、语篇的递减趋势，小

句复合体出现最多，词层级最少。在科普语篇中出现这种分形层级差异的原因，本研究认为与语义波随着语篇时间的展开有关，下文将分别详述。

5.3.1　词组层级

三种类型的语义波随着语篇时间的展开而呈现不同的语义移动，词是最低的分形层级，因此在词层级上不可能出现语义波段，因为语义波段至少是由体现语义起伏或连续的两个语义分形体建构，在词层级上顶多出现某个波峰或波谷，不能独立构成一个连续起伏的波段。换句话说，语义波段至少出现在词组之上，如例 5−4 所示：

例 5−4：

(a) //Science，especially astronomy//...（T−1）

(b) //Spacelab-J，a Japanese-American research project//...（T−1）

例 5−4 中，(a) 是由 “science” 与 “astronomy” 构成的并列词组，从概念语义的类分关系来看，二者是上下义的类分关系，其中 “science” 是上义词，为高度抽象实体， “astronomy” 是下义词，为次一级抽象实体，因此 “science” 可被视为波峰， “astronomy” 为波谷，尽管二者的语义波段不长，语义波动幅度也较小，但是这一波段是出现于分形的词组层级而不是词层级。(b) 与 (a) 语义幅度相似，但语义波段更长，“Spacelab-J” 为具体实体，“a Japanese-American research project” 为非特定实体，二者为并列型名词词组，语义波段体现于词组层级，波峰为 “Spacelab-J”，波谷为 “a Japanese-American project”。在词组层级的 30 个语义波段中，时间型语义波与空间型语义波都没有出现，这表明时间型语义波和空间型语义波不但受科普场域的主题限制，而且其本身的语义波移动基础要求其分形层级要高于词组层级。本研究发现时间型语义波与空间型语义波都只出现于小句复合体层级，具体原因下文将进一步阐释。

5.3.2　小句层级

在小句分形层级上，语义波的移动涉及不同的及物性角色配置与分形路径，即小句的向心压缩与离心扩散、各环境成分的参与度差异。在出现于小句分形层级上的语义波段中，没有出现时间型语义波，空间型语义波出现 2 次，概念型语义波出现56次。在小句分形层级上没有出现时间型语义波的原因有二：(1) 时间性表达在小句图示化中往往被小句配置为时间性环境成分，如上文的例5-2的灰色底纹部分所示，时间性表达在小句图示中被配置为小句参与者的后置修饰类环境成分或小句图示化的环境成分，体现为图示分形的外部环境成分；(2) 时间性表达在小句复合体中被扩展为时间性依赖小句，其引导词往往为when，as，while，since等。时间型语义波的连续性要求其分形途径跨越小句的一般环境成分，以体现其自身的顺序性。空间型语义波之所以能够在小句层级上出现在于其与时间性表达成分不同，空间性表达可以在小句的图示化配置中添加空间定向或定位成分，如例5-5所示：

例5-5：

(a) 【We put the red card on the table in the garden among the set of different gray cards.】(T-36)

(b) 【Lister introduced it into the hospital wards, into the operating room, into his surgical bandages.】(T-60)

上例 (a) 中的画线部分在小句中被配置为处所类环境成分，"on the table" 被建构为空间定位成分，"in the garden" 也为空间定位成分，"among the set of different gray cards" 为空间定向成分；(b) 中，三个 "into" 类空间定向成分建构小句的空间移动。在小句层级中，空间定位与空间定向成分的相互运作，建构空间型语义波。

5.3.3 小句复合体层级

在小句复合体层级上出现的语义波段最多，达到273次，每千词中概念型语义波段约为16次，时间型语义波段约为12次，空间型语义波段约为19次，究其原因，我们认为在于语义波的分形途径。扩展与投射是语义波的分形原则，级转移、跨范畴、语法选择、词汇选择、向心压缩与离心扩散分别建构不同分形层级的语义波，这些分形途径也在各个分形层级交叉出现，体现不同的语义引力与语义密度。小句是人类经验的基本语法单位，而小句复合体是小句与小句之间的依赖与独立语法关系的建构，是最高的概念意义组织。在词或词组层级上，语义波受制于波段长度，未能或仅能体现语义幅度较小的语义框架。也就是说，词或词组层级上的语义分形是同一语义类分结构中的上下义关系或部分与整体关系的等级组织建构，如例5-1所示，其分形常依赖词汇选择进行。在小句层级上，由于语义波的分形途径是离心扩散与向心压缩，同时涉及词汇选择与语法选择，所以对小句图示的参与者、过程、环境成分进行有选择性的配置后可以发现，小句的分形建构由于同时涉及语法选择与词汇选择等多重语义模式的层级，从而语义波的分形途径比在词或词组层级上更丰富。在小句复合体层级，由于其本身不仅涉及小句图示的建构，同时也涉及图示与图示之间语义关系的配置，所以小句复合体将语义波的分形途径扩展到向心压缩与离心扩散，进而将各个层级的分形途径纳入进来，体现出更复杂的交叉运作，以此建构更大语义幅度的语义波，请看下例：

例 5—6：

(a) //If a creature is exterminated /or an alien species introduced, /then the ecology of the district will be upset//—in other words, the balance of nature will be disturbed//. (T—72)

(b) 【The Latin house is often built around a patio //that is next to the sidewalk //but hidden from outsiders behind a wall.】(T—73)

(c) 【The flu epidemic of 1918 killed as many people (more than 20 million) IN JUST A FEW MONTHS as perished IN FOUR YEARS OF WORLD WAR Ⅰ. SINCE THEN, antibiotics and vaccines have allowed us to vanquish entire classes of diseases.】(T—76)

例 5—6 中，3 句均为小句复合体，其中（a）为概念型语义波，（b）为空间型语义波，（c）为时间型语义波。在（a）中，“creature”是依赖小句中涉及名词化的词汇选择，小句复合体体现“if... then”的条件式逻辑语义关系，其本身为语法选择的体现，小句复合体的末尾小句中“the balance of nature”是涉及级转移的参与者。因此在整个（a）小句复合体中，建构逻辑语义关系的小句复合体与其后建构图示化的小句图示之间形成概念型的语义波，可以认为小句复合体是语法选择的体现，语义引力更强，语义密度更低，而其后小句图示涉及词汇选择、级转移、跨范畴等分形途径，语义引力更弱，语义密度更高，因此语义波的分形移动体现更复杂的分形途径的交叉运作。需要注意的是，上例是概念型语义波，与时间型语义波及空间型语义波有差异。（b）小句复合体由 3 个小句构成：空间环境成分“around a patio”为第 1 个小句的离心配置；而“next to the sidewalk”为第 2 个小句的向心配置，但未涉及范畴跨越；“behind a wall”为第 3 个小句的离心配置，在小句图示的及物性分析中会存在一定模糊性。因此，（b）中，基于空间移动的语义波尽管出现在小句复合体层级，但是由于其本身的分形途径基于空间性表达，故其与概念型语义波不同之处在于并没有呈现高低起伏的移动，而是语义平线式移动，这也同时表明空间型语义波在小句复合体中出现，但未在其他分形层级上出现的原因，下文将做进一步阐释。(c) 与 (b) 类似，其语义波的移动基于时间性表达："in just few months→in four years of World War Ⅰ→since then"。在小句复合体中，时间性表达都为小句图示的离心配置，作为时间环境成分，而且并不涉及级转移与跨范畴分形，因此 (c) 中的基于时间的语义波也未呈现高低起伏的语义移动。

在小句复合体层级上的 267 次语义波段中，概念型语义波出现 240 次，空间型语义波出现 10 次，时间型语义波出现 23 次，这种差异除了与不同科普主题相关，也与各类型的语义波本身的分形移动途径有关。时间性表达在小句图示中一般被配置为时间环境成分，常由介词短语或副词词组建构，这意味着连续性的时间型语义波本身具有在词组（包括介词短语）层级进行移动的潜势，如例 5—7 所示：

例 5—7：

【ON A SULTRY MORNING IN JULY 1945, a blinding flash of light illuminated the flatland of the desert near Alamogordo, New Mexico, followed by the deep, growling roar of an explosion.】(T—22)

上例中，"on a sultry morning" 与 "in July 1945" 都被配置为环境成分，即表示小句图示的时间背景安排（Coffin, 1996），但是在小句的分形语法中，时间环境成分是离心配置，没有参与小句的核心图示建构，因而没有发生语义波的高低起伏变化。同时，这种时间的连续性也可以通过离心扩散被建构为小句复合体，从而其语义波的分形层级升高。在本研究的英语科普语篇中，时间型语义波都出现于小句之上，表明英语科普语篇中时间型语义波是通过离心扩散的分形途径实现语义波的分形移动的，而向心压缩的时间型语义波没有出现，因而时间性环境成分的语义引力强、语义密度低，这符合科普语篇的一般目的，即科普语篇的常识取向，体现科普语篇的叙事性、劝说性特点，而不是科普知识的技术性晶化。

空间型语义波在小句复合体层级比小句层级出现的频数更多，这表明其与时间型语义波具有相似的特征，即连续性与扩散性。与时间环境成分一样，空间性表达也常被小句图示建构为环境成分，具有空间定位或定向的功能，常出现于词组（包括介词短语）层级，因而空间型语义波本身就可在词组层级被建构，如上文中的例 5−5 所示，但是其在小句复合体层级出现更多，表明空间型语义波依赖离心扩散的分形途径，空间性表达在小句复合体的离心扩散体现其更低的语义密度，更高的语义引力，语义波的语篇分形层级范围得以扩大，从而其所位于的事件图示呈现语义平线的语义轮廓，这体现出科普语篇的再语境化，表明科普语篇的普及性特点。

与时间型语义波及空间型语义波相比，概念型语义波在小句复合体层级上的出现最多，也比其他分形层级出现更多，这意味着概念型语义波的分形途径更复杂，不同分形途径建构出不同层级的分形组织与语义波段，这与概念型语义波本身的分形途径有关。时间型语义波与空间型语义波的分形途径常被小句图示配置为离心的环境成分，而概念型语义波由于其本身基于概念意义在不同的语义波段中形成大小不一的分形组织，如类分结构与合成结构，因此概念意义成分不仅可被小句图示配置为离心成分，也可配置为向心成分，而且向心成分还可进一步呈现参与者与过程的程度差异，因为参与者与过程在小句中的语义引力与语义密度完全不等同。此外，与时间性表达和空间性表达相比，概念意义成分具有更多变的在不同分形层级中的移动潜势，其可处于词组层级，也可处于小句复合体层级，因此其比时间性表达或空间性表达具有更丰富的分形途径，不仅可由词汇选择或语法选择建构，也可由向心压缩或离心扩散建构，还可由级转移或跨范畴建构，甚至由不同分形途径的重合建构，因而其具有更大的语义波动潜势。同时，小句复合体是超越小句的更高一级分形层级，具有更大的分形途径容纳（accommodation）潜势，因此概念型语义波在小句复合体层级上的出现盖然性将大得多，其本身也具有更复杂的语法分形特征与语义波动特征。这也体现出科普交际的本质是科学知识与科普知识的互动建构与结构的再语境化过程。

5.3.4　语段与语篇层级

在语段层级上，概念型语义波出现 13 次，时间型语义波出现 3 次，空间型语义波没有出现；在语篇层级上，概念型语义波出现 2 次，时间型语义波与空间型语义波都没有出现。在不考虑科普语篇主题的前提下，这在某种程度上表明随着语篇时间的展开，科普语篇的语义波移动更多倾向于周期式的概念型语义波。时间型语义波在语段层级上出现 3 次，这表明基于时间移动的语篇发展选择离心扩散的分形途径，将时间连续性体现于高于小句层级的不同序列之中，而不是小句图示之内。但是由于科普语篇是关于科学话题的知识再语境化建构，若整个语篇如以时间性表达作为语义移动的途径，那么语篇的科普性将变为日常经验的流水账，背离对有关科学知识的解释、说明等普及宗旨，过于凸显其科普的劝说性，而不能充分体现科普语篇的社会教育功能，即科学知识的告知性。

5.4 语义波的移动方向

三种类型的语义波在不同分形层级上的出现不仅表明了其语义波段的长短差异，也同时涉及其语义波的移动方向差异。Maton（2013）认为语义波的移动方向是知识建构的关键所在。高语义平线与低语义平线不利于在语境中对语义鸿沟的跨越，也就是说知识的传递需要不断上下起伏波动的过程。从弱语义引力、高语义密度的波峰向强语义引力、低语义密度的波谷是语义波移动的下降过程，反之则是语义波移动的上升过程。语义波的下降→上升，或上升→下降体现语义波的起伏性与连续性。

5.4.1 时间型语义波与空间型语义波的移动方向

在所考查的英语科普语篇中，我们发现时间型语义波与空间型语义波都未呈现高低起伏的语义框架，即二者仅呈现为低语义平线的语义框架。换言之，在不同分形层级上，相邻时间性表达与空间性表达没有形成等级性的组织，时间性表达与空间性表达仅具有连续性，不具有起伏性，如表 5－2 所示：

表 5－2 时间型语义波的语法性状

	及物性角色：参与者		及物性角色：过程		及物性角色：环境成分		及物性角色：图示		及物性角色：序列	
时间性	出现频数	标准频数	出现频数	标准频数	出现频数	标准频数	出现频数	标准频数	出现频数	标准频数
排序	1	0.08	2	0.15	32	2.47	0	0.00	0	0.00
分割	5	0.39	0	0.00	4	0.31	0	0.00	0	0.00
持续	3	0.23	0	0.00	16	1.23	0	0.00	0	0.00
背景安排	0	0.00	1	0.08	25	1.93	0	0.00	0	0.00

续表

	及物性角色：参与者		及物性角色：过程		及物性角色：环境成分		及物性角色：图示		及物性角色：序列	
组织	6	0.46	1	0.08	1	0.08	0	0.00	0	0.00
分段	0	0.00	9	0.69	8	0.62	0	0.00	0	0.00
频数合计	$N=15$		$N=13$		$N=86$		$N=0$		$N=0$	

表 5-3　时间型语义波的分形层级

	排序		分割		持续		背景安排		组织		分段	
类别	出现频数	标准频数	出现频数	标准频数	出现频数	标准频数	出现频数	标准频数	出现频数	标准频数	出现频数	标准频数
词	0	0.00	0	0.00	0	0.00	0	0.00	0	0.00	0	0.00
词组	0	0.00	0	0.00	0	0.00	0	0.00	0	0.00	0	0.00
小句	0	0.00	0	0.00	0	0.00	0	0.00	0	0.00	0	0.00
小句复合体	16	0.93	4	0.23	12	0.69	12	0.69	5	0.29	9	0.52
语段	3	0.17	2	0.12	2	0.12	2	0.12	2	0.12	0	0.00
语篇层级	0	0.00	0	0.00	0	0.00	0	0.00	0	0.00	0	0.00
频数合计	$N=19$		$N=6$		$N=14$		$N=14$		$N=7$		$N=9$	

在表 5-2 中，时间性表达在及物性分析中都位于小句图示之内，图示与序列没有出现，这表明时间性表达的语法性状建构为参与者、过程或环境成分三种类别，其中各时间性表达在环境成分中最多，参与者次之，过程最少，也就是说时间性表达在小句图示中被建构为不同的语法性状，具有不同的语义引力，其体现为时间定位或时间定向成分。而在表 5-3 中，时间性表达的分形层级却没有发生变化，全都位于小句复合体之上，语段本身就包含小句复合体（参看第四章），小句及其以下层级没有出现任何一次时间性表达，这表明时间性表达尽管发生了语义引力的变化，但是其语义密度却没有发生变化，可以将其视为仅具有引力波的变化，因此时间型语义波不具有高低起伏的特征，呈现为语义平线的移动框架。

与时间性表达不同，空间性表达具有分形的层级差异，其中在小句层级出现 6 次，在小句复合体层级出现 38 次，如表 5-4 所示：

表 5－4　空间型语义波的分形层级

分形层级	词层级		词组层级		小句层级		小句复合体		语段层级		语篇层级	
空间性	出现频数	所占比例	出现频数	所占比例	标准频数	所占比例	出现频数	所占比例	出现频数	所占比例	出现频数	所占比例
空间定位	0	0.0%	0	0.0%	5	83.3%	22	57.8%	0	0.0%	0	0.0%
空间定向	0	0.0%	0	0.0%	1	16.6%	16	42.1%	0	0.0%	0	0.0%
频数合计	$N=0$		$N=0$		$N=6$		$N=38$		$N=0$		$N=0$	

表 5－5　空间型语义波的语法性状

语法性状	参与者		过程		环境成分		图示		序列	
空间性	出现频数	标准频数	出现频数	标准频数	出现频数	标准频数	出现频数	标准频数	出现频数	标准频数
空间定位	0	0.00	0	0.00	21	1.62	0	0.00	0	0.00
空间定向	0	0.00	0	0.00	10	0.77	0	0.00	0	0.00
频数合计	$N=0$		$N=0$		$N=31$		$N=0$		$N=0$	

从表 5－4 可知空间性表达的分形层级具有语义密度的变化，在小句与小句复合体分形层级中出现，即小句层级的语义密度更高，小句复合体层级的语义密度更低。尽管空间性表达的语义密度有变化，但是其语法性状却没有发生变化，体现为成分分形，都被建构为及物性结构中的环境成分，如表 5－5 所示。因此空间性表达的语义引力没有发生变化，可以将其视为仅具有密度波的变化，与时间型语义波同样，空间型语义移动也呈现为语义平线的语义框架。

5.4.2　概念型语义波的移动方向

与时间性及空间性表达成分不同，概念性表达在概念型语义波段中呈现出不同分形层级的跨越与不同语法性状的转移，因此概念型语义波的移动随着语篇时间的展开呈现高低起伏的语义框架。概念型语义波的上升、下降、再上升、再下降都可能在不同语义波段中展开，如表 5－6 所示：

表 5-6　概念型语义波的起伏移动（*N*=341）

	出现频数	标准频数
上升移动	62	1.46
下降移动	251	5.92
升-降-升移动	18	0.42
降-升-降移动	9	0.21

表 5-6 中，概念型语义波具有 4 种不同起伏性特征的语义框架，即从波谷向波峰展开的语义波上升移动，从波峰向波谷展开的语义波下降移动，从波峰向波谷再向次波峰展开的下降、上升、再下降的语义波移动，从波谷向波峰再向波谷展开的上升、下降、再上升的语义波移动。在英语科普语篇中，下降移动的语义波段出现次数最多，达到 251 次；其次为上升移动，达到 62 次；再次为上升、下降、上升移动，达到 18 次；最后是下降、上升、下降移动达到 9 次。下降移动的语义波体现了知识科普的“伊卡罗斯效应”（Icarus Effect）(Georgiou et al.，2014)，其波段频次最多的原因在于科普知识的概念解包特征。科普是专业人士向非专业人士进行知识传播的社会行为，对某一专业知识进行解释、说明，就必然涉及对某些特殊概念或技术性术语的阐释，因而采用下降移动的语义波促成技术性知识向常识性知识的转移，即高层级概念结构向低层级概念结构的转变，增强概念结构的语义引力，降低其语义密度，使技术性知识逐步去技术化，从而在语篇中形成下移的语义框架，体现科普语篇的劝说性特征。这也从侧面印证了语义波的分形层级中，小句复合体层级在三种语义波类型中出现次数最多的原因。

除此之外，从表 5-6 中也能发现上升移动的语义波段出现次数比下降移动要少，这是因为科普语篇是对知识的建构，即知识的解包与打包。尽管下降移动的语义波体现了概念知识的去技术化，形成常识性的概念意义，但是一味地对技术性知识解包将不足以体现知识本身的概念语义本质，换句话说，对技术性知识或概念只进行解包而不进行打包的语篇操作将会导致语篇中的语义移动建构的不再是知识，而是常识性概念，因为日常知识以日常口语的形式或非正式的书面形式表达，似乎仅显示其自身寻求的特征（Halliday，2016：146）。而上升的语义波段体现了从常识性科普知识向技术性科普知识的转移，从概念结构的低层级向概念结构的高层级的移动，上升的语义波段展示出技术性知识的最终形成，这正是对科普语篇的社会教育功能本质的体现，也是对科普语篇的告知性特征的体现。

再次，升－降－升的语义波段与降－升－降的语义波段的存在体现了语义波流动的语义切入点（semantic entry）与终点的差异。二者尽管在科普语篇中出现的次数不多，但是却体现了完全各异的知识建构过程。升－降－升的语义波段表明知识建构以高语义密度、弱语义引力的技术化程度较高的专门化知识或概念为起点，通过对所涉及概念结构的解包，逐步降低其语义密度，增强其语义引力，使知识或概念得以普及，在此基础之上，又通过对所涉及知识或概念结构的打包，提高其语义密度，降低其语义引力，体现出概念知识的语义晶化（distillation）。如前文的例 5－1 所示，位于句首的名词词组“the environment”相对来说具有高语义密度、低语义引力，作为关系小句的被识别者，表征标记，而其后的价值“everything that surrounds us”包含一个嵌入小句及其次类别，具有较低的语义密度、较强的语义引力，句末的“everything that affect us in any way”，相对前者而言，具有较高的语义密度、较弱的语义引力，因此该小句复合体随着语篇时间的展开，呈现出“高→低→高”的语义移动，如图 5－3 所示：

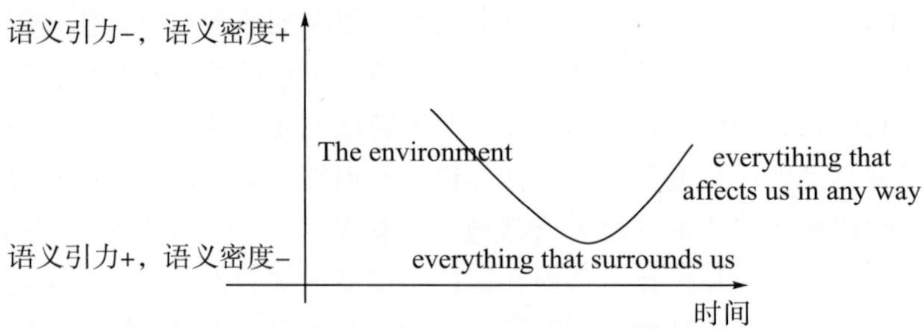

图 5－3　例 5－1 的语义波移动框架

而降－升－降的语义波移动意味着语义波从较低的语义密度、较强的语义引力的波谷向较高的语义密度、较弱的语义引力的波峰移动，随着语篇的展开，其再进一步向强语义引力、低语义密度的波谷移动。也就是说，语篇以常识性的科普知识或低层级的概念结构向技术性的科普知识或位于高层级的概念结构转化，然后在此基础上又再向低层级的概念结构或常识性的科普知识转化。请看例 5－8：

例 5－8：

// A very common sedimentary rock is called shale, which is a soft rock and was obviously formed by being deposited on the sea bed. //

在例 5－8 中，位于句首的名词词组“a very common sedimentary rock”

具有较高的语义密度、较弱的语义引力，为常识性具体实体的建构；小句末尾的名词“shale”为压缩性的技术性实体的建构，为核心成分，具有相对更高的语义密度、更弱的语义引力；其后的非限制性依赖小句为语法选择的扩散体现，呈现为并列的序列，其具有相对较低的语义密度、较强的语义引力。因此在该小句复合体中，语义波呈现出“低→高→低”的语义移动，如图 5－4 所示：

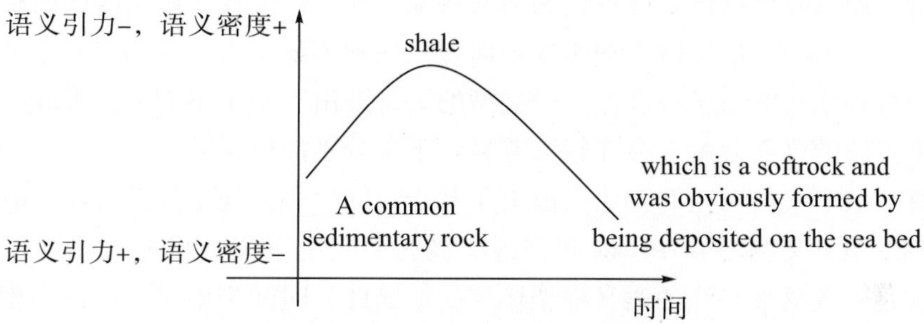

图 5－4　例 5－8 的语义波移动框架

总之，比较四种语义波的移动框架，下降的语义框架体现知识的去技术化过程，而上升的语义框架体现知识的再晶化过程，但是仅体现去技术化或再晶化的单一过程并不能表明知识的完整传递。知识是已结构化的正在结构化中的结构（structured structuring structure）（Maton，2014a）。一方面，持续的去技术化使知识不再作为知识而传播，即知识不断失去其本身的技术性结构，被添加上常识性意义，最终与常识无异，也就是说达到最强的语义引力、最低的语义密度的意义结构；另一方面，上升的语义框架体现知识的晶化过程，与去技术化的过程相反，随着语篇时间的推移，常识性知识不断被压缩、晶化，低层级意义结构被不断添加新的高层级意义结构从而被压缩，最终达到最弱的语义引力、最高的语义密度，形成技术性知识。这样的单一过程的根本缺陷在于语义波移动的单向性。与此不同，升－降－升移动与降－升－降移动分别从高低不同的语义切入点出发，体现对技术性知识和常识性知识的不同转化与知识建构的累积性过程，起伏性的语义移动过程包含了技术性意义结构与常识性意义结构的相互运作及高层级意义结构与低层级意义结构的整合使用。将技术性知识解包为常识性知识，再打包为技术性知识，将常识性知识打包为技术性知识，再解包为常识性知识的语义移动过程完整展现了知识结构化的科普过程，进一步体现出科普知识是科学知识的解码与编码的交际过程。因此，起伏性与连续性是语义波的重要特征，语义波是知识建构的关键，也是体现科普语篇的社会教育功能的关键。

5.5　语义波的语义幅度

语义波具有连续性与起伏性的语义特征，连续性体现于语义波的语篇分形层级，即在不同分形层级上的跨度，而起伏性则体现于语义波的语义幅度，即波峰与波谷之间的语义幅度。三种类型的语义波由于基于不同的分形途径，因而在语义波的语义幅度上存在较大差异，下文分别加以说明。

时间型语义波与空间型语义波由于基于时间性表达与空间性表达，故其不同于概念型语义波之处在于时间型语义波与空间型语义波没有波峰与波谷之分，这是由其语义平线的语义框架体现的。因此，时间型语义波与空间型语义波的语义幅度体现于其语篇分形层级，即对连续性特征的识解，而不是对起伏性特征的体现。不同的语篇分形层级建构不同的语义密度或语义引力，而概念型语义波的语义框架由于具有连续性与起伏性的语义特征，因而其语义波的语义幅度不仅受制于其语篇的分形层级，还体现于其语义分形的语义幅度。

从理想化的分形状态来分析，语义波的语义幅度取决于不同的分形层级上波峰与波谷的语义幅度差。从波峰与波谷的分形层级来看，词与语篇是最低层级与最高层级，二者之间的语义幅度应为最大，语义幅度在词与语段之间、词与小句复合体之间、词与小句以及词与词组之间依次递减，同时也存在各分形层级之间的语义幅度与分形层级本身之间的语义幅度。各分形层级之间的语义幅度体现于如词组与小句之间、词组与小句复合体之间、词组与语段之间、词组与语篇之间、小句与小句复合体之间、小句与语段之间、小句与语篇之间、小句复合体与语段之间、小句复合体与语篇之间、语段与语篇之间，分形层级本身之间的语义幅度体现于如词与词之间、词组与词组之间、小句与小句之间、小句复合体与小句复合体之间、语段与语段之间、语篇与语篇之间，甚至还可能存在各种分形层级的交叉。从分形层级的移动幅度来看，各语义波的语段出现的语义移动幅度沿着词组到语篇的层级顺序逐步增大。语义波的语义幅度不仅要受其波段分形层级的影响，还要受其波峰与波谷之间语义高低的影响，如图 5—5 所示：

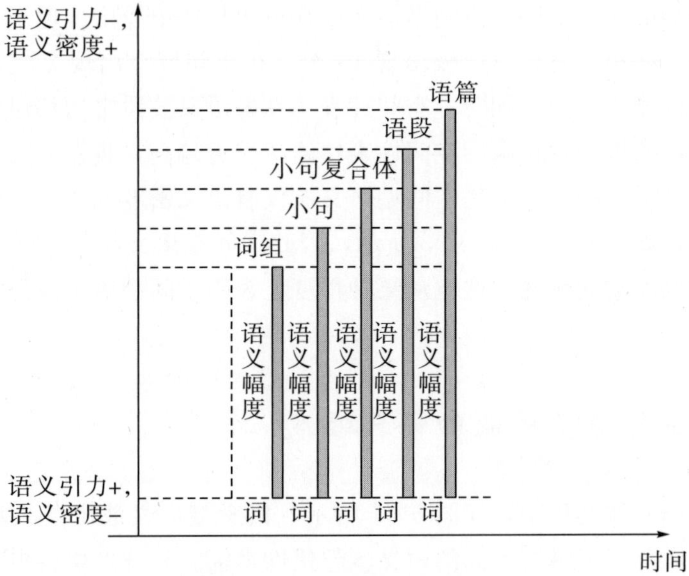

图 5－5　语义波的语义幅度

5.5.1　时间型语义波与空间型语义波的语义幅度

如前文表 5－2 所示，时间型语义波的时间性表达具有不同的语义引力差异，其位于小句的图示之中，被建构为不同的及物性角色，时间性表达一般被建构为时间性环境成分，表征不同的时间性范畴，即 Coffin 提出的 6 种时间性分类组织建构，越靠近图示边缘的时间性表达语义引力越高，越靠近图示核心的时间性表达语义引力越低。因而就时间型语义波而言，时间性环境成分在小句图示中的语义引力最高，而参与者的语义引力低于过程的语义引力，过程的语义引力低于环境成分的语义引力。由于各时间性表达都位于小句之中，分形层级都为介词短语或词组，且各时间性表达未形成等级性组织，所以时间性表达尽管在小句图示配置中具有不同的语义引力，但却不具有语义密度的变化。时间型语义波的移动波段在小句复合体层级出现 23 次，在语段层级出现 3 次，其余层级中没有出现，因而时间型语义波的分形层级位于小句复合体与语段之间，其分形层级较高。又由于在英语科普语篇之中，其为语义平线的移动框架，因而其语义的起伏并未显现。而时间性表达一旦出现起伏，识解时间的周期性，则其将被归为概念型语义波，因此，此处不探讨时间型语义波的语义幅度。

与时间型语义波不同，空间型语义波在英语科普语篇中出现于小句与小句复合体层级，在小句复合体层级出现 10 次，在小句层级出现 2 次，其分形层级要低于时间型语义波。同时，空间性表达在各语义波段中均被建构为空间性环境成分，越靠近图示边缘的空间性表达语义引力越高，越靠近图示核心的空间性表达语义引力越低，但是空间型语义波仅有语义密度的变化，而没有语义引力的变化，如表 5－4 与表 5－5 所示，因此空间型语义波与时间型语义波同样没有语义幅度的起伏性，这也从某种程度上表明空间型语义波的移动框架为语义平线的原因。

5.5.2 概念型语义波的语义幅度

在三种语义波类型中，如图 5－1 所示，概念型语义波出现频数最多，语义波移动方向各异，具有不同的语义波起伏性特征。从分形层级来看，概念型语义波在词组层级上出现 30 次，在小句层级上出现 56 次，在小句复合体层级上出现 240 次，在语段层级上出现 13 次，在语篇层级上出现 2 次。与其余两种语义波类型相比，概念型语义波在各个分形层级上都有出现，因而其语义幅度变体情形差异较大。概念型语义波的语义幅度体现于其不同波段中的波峰与波谷的差异。在不考虑语义波的移动方向的前提下，在各个分形层级上，英语科普语篇中概念型语义波的波峰与波谷的分形层级及其语义幅度变体如图 5－6 所示：

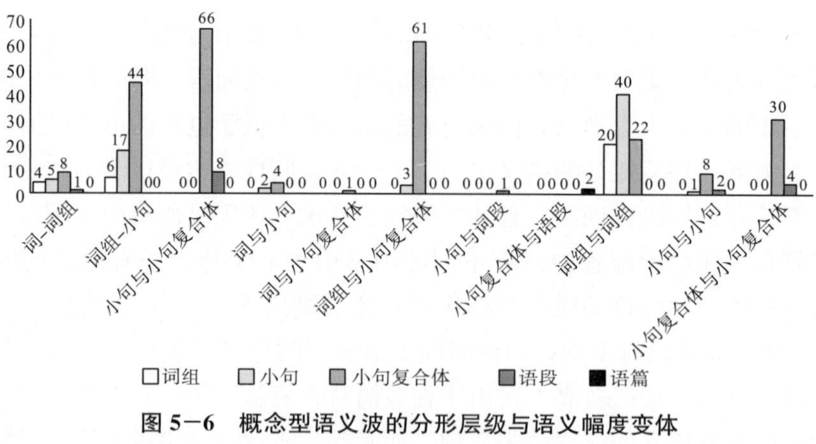

图 5－6　概念型语义波的分形层级与语义幅度变体

波峰与波谷之间的语义波移动幅度在不同波段的语义幅度上呈现至少 21 种变体，而且这 21 种变体还未包括不同类型的交叉变体，如在小句复合体层级上，可能同时出现词与词组、词组与小句、词组与词组、小句与小句，甚至小句复合体与小句复合体等不同的语义波语义幅度的变体。

在词组分形层级上，语义波的语义幅度限于词与词组之间、词组与词组之间、词组与小句之间三种变体，其中词与词组出现 4 次，词组与词组出现 20 次，词组与小句之间出现 6 次。请看例 5－9：

例 5－9：

（a）//Mononucleosis—a common glandular disease//（词－词组）（T－14）

（b）//From the simple observations showing that insects steer a course by using a sun compass... //（词组－小句）（T－28）

（c）//A type of sonar system called a fathometer... //（词组－词组）（T－6）

上述三句的语义波段都位于词组分形层级，（a）与（b）为语义波的下降移动，（c）为语义波的上升移动，语义波的语义幅度有所不同。在（a）中，“mononucleosis”为波峰，出现于词层级，“a common glandular disease”为波谷，出现于词组层级，也就是说“mononucleosis”的语义引力更弱，语义密度更高，而“a common glandular disease”的语义引力更强，语义密度更低，语义波的分形途径体现于词组层级的离心扩散。在（b）中，名词词组“the simple observations”为波峰，出现于词组层级，体现较高的语义密度、较弱的语义引力，其后的波谷“insects steer a course by using a sun compass”体现对波峰的解包，出现于小句层级，其语义引力更强，语义密度更低。在（c）中，波峰为“a fathometer”，出现于名词词组，语义引力较弱，语义密度较高，而波谷“a type of sonar system”出现于词组，其语义引力相对更强，语义密度相对更低。因此，上述实例体现的语义波的语义幅度由大到小依次为（b）（a）（c）。

在小句层级上，语义波的分形幅度出现了 4 种变体，即词－词组变体出现 4 次，词组－小句变体出现 10 次，词－小句变体出现 1 次，词组－词组变体出现 41 次。这表明，在小句语义幅度上，概念型语义波的语义幅度在词组－词组变体中出现最多，但是其语义幅度最小，在词组－小句与词－词组变体中次之，在词－小句变体中最少，但其语义幅度最大。请看例 5－10：

例 5-10：

(a) //A cell looks like a bit of clear jelly with a thin wall round it. //（词组-词组）(T-39)

(b) //Plants are the basis of the food pyramid for all living things, even for other plants. //（词-词组）(T-46)

(c) //One of this accounting software's functions is to transfer accounts automatically. //（词组-小句）

(d) //Researchers are also looking for proof that stress can damage immune system. //（词-小句）(T-14)

以上 4 句均出现于小句层级。在（a）中，位于小句句首的名词词组“a cell”建构波峰，具有较高的语义密度、较弱的语义引力，位于小句末尾的名词词组“a bit of clear jelly with a thin wall around it”为波谷，其受不同特征成分限制修饰，因而具有较低的语义密度、较强的语义引力。在（b）中，同样位于句首的名词“plants”具有相对较弱的语义引力、较高的语义密度，而小句后的“the basis of the food pyramid for all living things, even for other plants”，具有不同的参照且识别修饰特征明晰，因而有较强的语义引力、较低的语义密度。在（c）中，句首的名词词组“one of this accounting software's functions”具有较高的语义密度、较弱的语义引力，被建构为波峰，而其后的非限定小句“to transfer accounts automatically”具有较低的语义密度、较强的语义引力，被建构为波谷。在（d）中，依据 Halliday（1994：242）认为嵌入只是小句中出现词组的修饰成分，嵌入小句并不构成小句复合体，（d）仍为小句分形层级，其中“proof”为词，具有较高的语义密度、较弱的语义引力，被建构为波峰，而其后的嵌入小句为波谷，具有较强的语义引力、较低的语义密度。上述四句中，（d）的语义波语义幅度最大，语义波的分形移动为词到小句的离心扩散；其次为（c），波峰与波谷之间为虚拟（virtual）实体与图示的分形；再次为（b），波峰与波谷为概括实体与虚拟实体的分形；最低的为（a），波峰与波谷为具体实体与具体实体之间的语义分形。因此，上述 4 句的语义波语义幅度由大到小依次为（d）（c）（b）（a）。

在小句复合体分形层级上，在不涉及语义波的移动方向的前提下，语义波的语义幅度出现了 8 种变体，分别为词-词组、词-小句、词组-小句、小句-小句复合体、词组-小句复合体、词组-词组、小句-小句、小句复合体-

小句复合体。出现次数最多的变体为小句－小句复合体，共出现66次；其次为词组－小句复合体，共出现61次；其次为词组－小句，共出现44次；其次为小句复合体－小句复合体，共出现30次；其次为词组－词组，共出现22次；其次为小句－小句，共出现8次；其次为词－词组，共出现8次；最后为词－小句，共出现5次。请看例5－11：

例5－11：

(a) //Nature has provided it with a thick covering of fat called blubber.// (词－词组) (T－56)

(b) //A third method is to make the separation by freezing, the ice being almost pure.// (词组－小句) (T－40)

(c) //If a creature is exterminated or an alien species introduced, then the ecology of the district will be upset, in other words, the balance of nature will be disturbed.// (小句－小句复合体) (T－72)

(d) //Some white blood cells, called lymphocytes, which are important part of the immune system.// (词－小句) (T－14)

(e) //The most direct way to do this is to distill it—turn it into stem and then condense the stem.// (词组－小句复合体) (T－40)

(f) //The word smog is a combination of the words "smoke" and "fog", but "smog" itself is a mixture of many more ingredients.// (词组－词组) (T－50)

(g) //What appeared to be happening was that the fault was actually being lubricated by the injection of the fluid. (小句－小句) // (T－19)

(h) //Bats, whose sight is poor, use a sound location system to help them avoid obstacles in the dark. They send out pulses of sound waves, pitched at 50,000 cycles per second, far above the limits of human ear, which can hear sounds up to frequencies of about 20,000 cycles per second. As the echoes bounce back off obstacles such as trees and walls, the bats are able to take appropriate action. //（小句复合体—小句复合体）（T—16）

在上述示例中，(a) 的波峰为词“blubber”，表征为具体实体，语义引力更弱，语义密度更高，而波谷为词组“a thick covering of fat”，表征为类分实体，语义引力更强，语义密度更低，语义波体现为上升移动。在（b）中，位于句首的名词词组“a third method”为波峰，表征类分实体，语义引力相对更弱，语义密度相对更高，而其后的非限定小句为波谷，表征概念图示，其语义引力更强，语义密度更低，语义波呈现下降移动。在（c）中，波峰为小句，波谷为小句复合体。在（d）中，波峰为词“lymphocytes”，表征具体实体，语义引力更弱，语义密度更高，而其后的小句为波谷，表征图示，其语义引力更强，语义密度更低，语义波为下降移动。在（e）中，波峰为包含嵌入小句的名词词组，表征类分实体，其语义引力更弱，语义密度更高，而句后的并列型小句复合体为波谷，表征图示，其语义引力更强、语义密度更低，语义波也为下降移动。在（f）中，语义波呈现连续性的起伏移动，即小句复合体呈现为两个波段，第一个波峰为词，表征为虚拟实体，波谷为词组，表征为集合性（collective）实体，其后的波峰同样为“smog”，表征为虚拟实体，其后的波谷为词组，表征集合性实体，语义波呈现反复的下降移动。在（g）中，波峰为级转移小句，表征图示，语义引力更弱，语义密度更高，而波谷为补语小句，也表征图示，语义引力更强，语义密度更低。在（h）中，波峰为小句复合体，体现为限定小句与非限定小句的主从联结，而其后的波谷为限定小句与限定小句的并列联结，语义波呈现下降移动。

从上述实例可以推论小句复合体层级的语义波分形的语义幅度变体要比其低层级更多样，不同分形层级间的语义幅度要大于同一层级间的语义幅度，(a)—(e) 的语义波的语义幅度大于（f）—（h）的语义波的语义幅度。换句话说，小句复合体的语义波分形变体体现了不同语义波分形波段的重叠，即语义波分形的波段中的波段移动特征。

在语段层级上，语义波的语义幅度出现了两种变体，出现次数最多的是小句—小句复合体变体，共 8 次，其次为小句复合体—小句复合体变体，共 6 次。请看例 5—12：

例 5—12：

（a）// There are four main types of viruses: shell, intrusive, operating system and source code. Shell viruses wrap themselves around a host program and don't modify the original program. Shell programs are easy to write, which is why about half of viruses are of this type. Intrusive viruses invade an existing program and actually insert a portion of themselves into the host program. Intrusive viruses are hard to write and very difficult to remove without damaging the host file. Shell and intrusive viruses most commonly attack executable program flies—those with a. corn or. exe extension, although data flies are also at some risk. Operating system viruses work by replacing parts of the operating system with their own logic. It is very difficult to write operating system viruses and these viruses have the ability once booted up, to take total control of your system. For example, some operating system viruses have hidden large amounts of attack logic in falsely marked bad disk sectors. Source code viruses are intrusive programs and they are also inserted into a source program such as those written in Pascal prior to the program being complied. There are the least-common viruses because they are not only hard to write, but also have a limited number of hosts compared to the other types. //（小句一小句复合体）（T—70）

（b）// It has become evident in the past few years that the amount of fossil fuel in the earth's substrata is not an infinite source of energy. Due to a steady increase in industrial and technological demand, an energy shortage is highly probable if the industrialized nations do not conserve existing resources and establish alternative ones. The fossil fuels, coal, oil and natural gas, are rapidly diminishing in supply as consumption increase. //（小句复合体一小句复合体）（T—12）

在（a）中，底纹方框部分为语段的波峰，其由小句分形层级建构，本身也可视为包含次一级的语义波段，即“four main types of viruses”为波峰，其后的名词词组复合体为波谷；而在语段层级中，波谷分别由对四种“viruses”的次类在小句复合体中建构，语段的语义波呈现为下降移动。在（b）中，该语段由 3 个小句复合体构成，波峰由底纹方框的小句复合体建构，可以视为是该语段的主题句，其后的小句复合体是对该主题句的进一步阐释、说明，而最后的小句复合体是在更大程度上的具体明晰，如及物性参与者“amount of fossil fuel>infinite source of energy>energy shortage>fossil fuels, coal and natural gas”的连续移动，语段的语义引力逐渐增强，语义密度逐渐降低，语段的语义波也体现为下降移动。（a）与（b）相对而言，语义波的语义幅度在（a）中更大，因为其波峰在小句层级建构，而波谷体现更大的语义幅度，（b）的波峰在小句复合体建构，波谷体现为具有一定语义压缩的语义幅度，因此（a）的语义波切入点更高，波段终点更低，如图 5－7 所示：

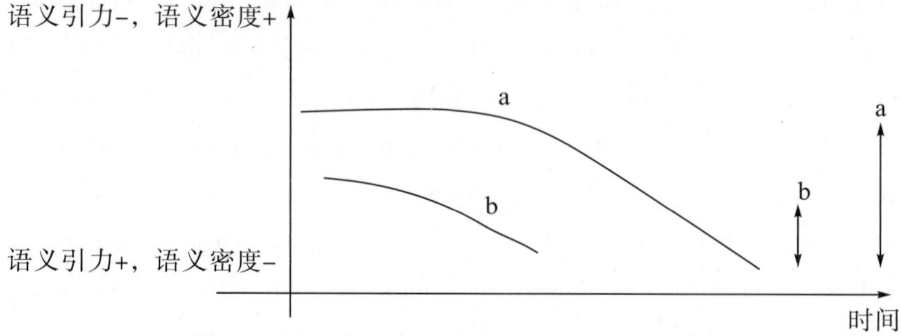

图 5－7　例 5－12（a）与 5－12（b）的语义框架

因此，在语段的分形层级上（a）的语义波幅度更大，（b）的语义波幅度更小。需要说明的是，上图是在语段的分形层级来衡量的，语义波呈现下降移动的趋势，但是分形层级上也可能会出现更小的语义波段，因为语段的分形层级之下的层级也可能出现其他层级上的语义波段，即波段中的波段，正如 Maton（2014b：44）所言，在从微观现象到宏观现象的移动中，波段中的波段将越发明显，每一层次都将涉及其自身的语义波。对此，后文将加以详述。

在语篇分形层级上，语义波的语义幅度出现 1 种变体，即小句复合体与语段，共出现 2 次。请看例 5－13：

例 5－13：

Since the first brain scanner was constructed several years ago, computed tomography or computed medical imagery, has become fairly widely used. Its rapid acceptance is due to the fact that it has overcome several of the drawbacks of conventional X-ray technology.

To begin with, conventional two-dimensional X-ray pictures cannot show all of the information contained in a three-dimensional object. Things at different depths are superimposed, causing confusion to the viewer. Computed tomography can give three-dimensional information. The computer is able to reconstruct pictures of the body's interior by measuring the varying intensities of X-ray beams passing through sections of the body from hundreds of different angles. Such pictures are based on series of thin "slices" .

In addition，conventional X-ray generally differentiates only between bone and air as in the chest and lungs. They cannot distinguish soft tissues or variation in tissues. The liver and pancreas are not discernible at all，and certain other organs max only be rendered visible through the use of ratio opaque dye. Since computed tomography is much more sensitive. the soft tissues of the kidneys or the liver can be seen and clearly differentiated. This technique can also accurately measure different degrees of X-ray absorption，facilitating the study of the nature of tissue.

A third problem with conventional X-ray methods is their inability to measure quantitatively the separate densities of the individual substances through which the X-ray has passed. Only the mean absorption of all the tissues is recorded. This is not a tumor and subsequently monitor the progress of radiation treatment，so that in addition to its diagnostic capabilities，it can play a significant role in therapy.（T—49）

在上例语篇中，可以发现语篇首段为该语篇的中心段落，波峰由底纹方框部分的小句复合体建构，波谷由首段之后的各分段建构，分别对波峰中涉及的科普主题进行解释详述，因此波谷与波峰形成语义波的下降移动。与语段层级同样，语篇层级上也可发现不同语义幅度的语义波段，如以上各例中的各分段也为语段层级上的语义波下降移动，前文已做相关说明，不再赘述。

我们依据概念型语义波波段的分形层级与语义幅度，对不同移动变体的语义幅度值进行进一步分类划分。语义波的语义幅度设立低值、中值、高值三种类别，各类别的具体数值如图 5—8 所示：

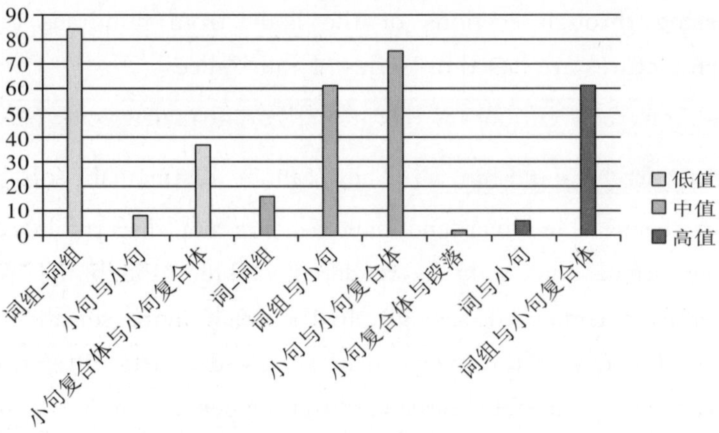

图 5−8　语义波的语义幅度值

上图中，同级移动视为低值，相邻级移动视为中值，跨一级以上移动视为高值。在语义波移动幅度低值类别中，词组−词组变体频数最高；中值幅度类别中，小句与小句复合体类别变体频数最高；高值幅度类别中，词组−小句复合体变体频数最高。这三种最高移动变体呈现出逆反性特征，即随着语义移动幅度值的升高，其频数逐步减少，这表明在英语科普语篇中，语义波的起伏移动受制于科学知识的内在隔离性。在科普实践中，一方面科普作者试图遵循“科学叙事”的策略，凸显科普自身的告知性教育功能，强调科普知识的非常识性，不对技术性强的科学知识做过多解包，体现对原本科学知识语场的维持；另一方面，科普作者又试图遵循“自然叙事”的策略，跨越非常识性知识结构的语义鸿沟，促成科学知识的常识性普及，凸显科普自身的劝说性教育功能，进而体现科普语篇的社会教育功能属性。

综上所述，可以发现语义幅度大小各异的波段变体呈现随着语篇层级的升高而逐渐增多，超过小句复合体层级而逐渐下降的趋势。语义波的语义幅度受制于其出现的分形层级，不可能出现超越其本身分形层级的语义幅度的情形，如小句分形层级上不可能出现小句−小句复合体幅度变体。不同的语义波语义幅度在词组层级上的幅度较小，主要体现为词组−词组变体，在小句复合体层级上语义幅度有所增大，主要体现为小句−小句复合体、词组−小句复合体变体。其次，语义波的移动方向与语义波的语义幅度之间没有必然的相关性，换言之，语义波的上升与下降移动不能推测语义波的移动幅度的大小，波峰与波谷的起伏交替不能体现某一分形层级与另一层级的必然交替。但是反过来看，语义波的起伏移动幅度的变化却可以推测波峰与波谷的移动方向。

5.6 语义波的波峰与波谷

时间型语义波与空间型语义波由于本身不具有起伏性，因而没有波峰与波谷的识别与划分，而在概念型语义波中，语义波的移动载体为及物性结构的概念意义，波峰与波谷的起伏移动不仅体现语义波的移动方向，同时也可识别语义波的语义幅度。从语义波分形的词汇语法来看，波峰与波谷的语言资源也具有不同的语义引力与语义密度，不同的语法性状与分形层级移动表征语义波移动的切入点与终点，建构各异的语义框架。因此，分析概念型语义波的波峰与波谷的建构资源，有助于进一步揭示英语科普语篇的语义波分形建构的语言资源。

5.6.1 波峰与波谷的建构资源

如前文所述，概念型语义波共出现 341 次。我们对这些语义波的语言资源进行及物性功能角色、分形层级以及波峰、波谷的分别作交叉分析，如表 5－7 所示：

表 5－7　概念型语义波的波峰与波谷

	波峰		波谷	
及物性角色	出现频数	标准频数	出现频数	标准频数
参与者	166	9.60	90	5.20
过程	2	0.12	7	0.40
环境成分	23	1.85	21	1.21
图示	90	5.20	75	4.34
序列	49	2.83	174	10.06
频数合计	*N*＝330		*N*＝367	

从上表可知，波段各异的概念型语义波具有不同的语义波切入点与终点，其由不同的及物性功能角色建构。在不涉及语义波的移动方向的前提下，波峰的建构呈现参与者、图示、序列、环境成分、过程递减的趋势；波谷的建构呈

现过程、环境成分、图示、参与者、序列递增的趋势。不同的及物性功能角色体现各异的语法性状，体现不同的语义波移动方向，建构不同的语义波语义幅度。除此之外，从及物性功能角色本身来看，不同语法性状的及物性功能角色在不同分形层级上也具有不同的分布特征，如表 5－8 所示：

表 5－8 概念语义波的分形建构

	分形层级：词		分形层级：词组		分形层级：小句		分形层级：小句复合体		分形层级：语段		分形层级：语篇	
及物性角色	出现频数	标准频数	出现频数	标准频数	出现频数	标准频数	出现频数	标准频数	出现频数	标准频数	出现频数	标准频数
参与者	0	0.00	42	2.54	86	5.20	153	9.26	10	0.60	0	0.00
过程	0	0.00	0	0.00	1	0.06	22	1.33	0	0.00	0	0.00
环境成分	0	0.00	10	0.60	27	1.63	148	8.95	18	1.09	0	0.00
图示	0	0.00	2	0.12	23	1.39	133	8.05	17	1.03	2	0.12
序列	0	0.00	0	0.00	2	0.12	197	11.92	23	1.39	5	0.30
频数合计	$N=0$		$N=54$		$N=139$		$N=653$		$N=68$		$N=7$	

上表表明概念型语义波段分别在词组以上分形层级得以展开，各语法性状成分也在不同分形层级上呈现不同分布，词层级没有出现的原因前文已做说明，不再赘述。其中，参与者在小句复合体、小句、词组、语段层级上呈现递减趋势；过程在小句复合体、小句层级上呈现递减趋势；环境成分在小句复合体、小句、语段、词组层级上呈现递减趋势；图示在小句复合体、小句、语段、语篇、词组层级上呈现递减趋势；序列在小句复合体、语段、语篇、小句层级上呈现递减趋势。不同语法性状成分在不同分形层级的分布充分体现了概念型语义波的不同波段长度、语义幅度及其移动的起伏性。

5.6.2 波峰与波谷的语法性状

波峰与波谷中不同语法性状在不同分形层级上的建构，如表 5－9 所示：

表 5-9　不同性状的波峰与波谷的分形层级建构

	波峰：参与者		波峰：环境成分		波峰：过程		波峰：图示		波峰：序列	
分形层级	出现频数	标准频数	出现频数	标准频数	出现频数	标准频数	出现频数	标准频数	出现频数	出现频数
词	0	0.00	0	0.00	0	0.00	0	0.00	0	0.00
词组	21	1.21	3	0.17	0	0.00	0	0.00	0	0.00
小句	36	2.08	5	0.29	0	0.00	3	0.17	0	0.00
小句复合体	95	5.49	13	0.75	2	0.12	67	3.87	35	2.02
语段	1	0.06	0	0.00	0	0.00	9	0.52	7	0.40
语篇层级	0	0.00	0	0.00	0	0.00	1	0.06	1	0.06
频数合计	$N=153$		$N=21$		$N=2$		$N=80$		$N=43$	

在上表中，语义波的波峰具有不同的经验性语法性状，如参与者、过程、环境成分、图示、序列，语义波也具有不同的分形层级，如词、词组、小句、小句复合体、语段、语篇。在各分形层级上，参与者建构波峰的频数最高，其次为图示，再其次为序列，环境成分次之，过程频数最低，尽管如此，各语义波的波峰建构却呈现大致相同的变异趋势，即随着分形层级的上升而上升，超过小句复合体分形层级后又逐渐下降，尤其是环境成分与过程几近一致，如图 5-9 所示：

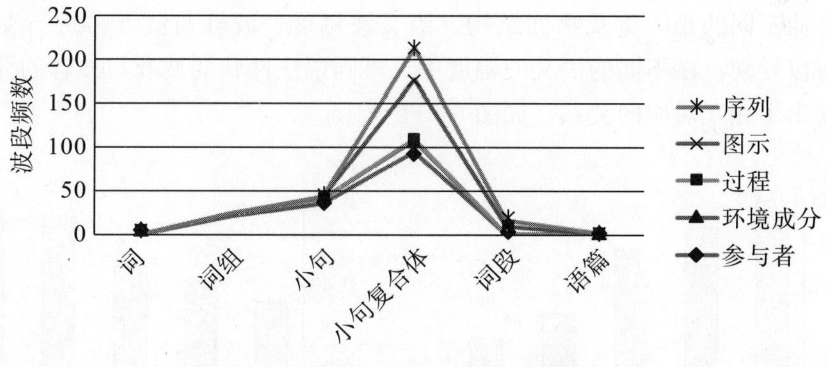

图 5-9　概念型语义波的波峰建构

另外，尽管语义波的波峰建构呈现趋同之势，但是不同的语法性状在不同分形层级上却具有语义引力与语义密度的差异，不同的分形层级上也有不同的语法性状出现，因而语义波的顶点并不一致，从而语义幅度各异。

与此相对，概念型语义波的波谷却不具有这样的变异趋势。请看图 5－10：

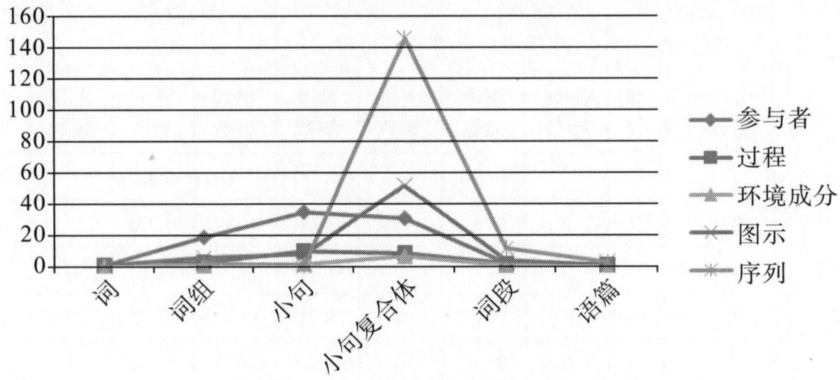

图 5－10　概念型语义波的波谷建构

从上图中可以发现，语义波的波谷在各个分形层级及不同语法性状上没有出现趋同的变异趋势，也就是说在不同分形层级上，语义波的波峰与波谷之间没有相互决定的关系。例如，当波峰为词组层级上的参与者时，波谷不一定也为词组层级上的参与者，其可能是词层级上的参与者或是小句复合体上的图示，或者其他任何情况，二者之间没有必须对应的相互限制关系。本研究认为，缺乏这样的一一对应关系正是对语义幅度差异的体现，否则概念型语义波就将同空间型语义波或时间型语义波一样，呈现为语义平线。换句话说，波峰的建构必然由高于波谷的语法性状或低于波谷的分形层级体现，否则其将不会被建构为波峰。

然而不同的是，将及物性结构、语义波幅度、波峰与波谷再进行交叉分析，可以发现，在不同的语义波幅度中，不同语法性状的波峰与波谷的分布特征体现出了相互对应的关系，如图 5－11 所示：

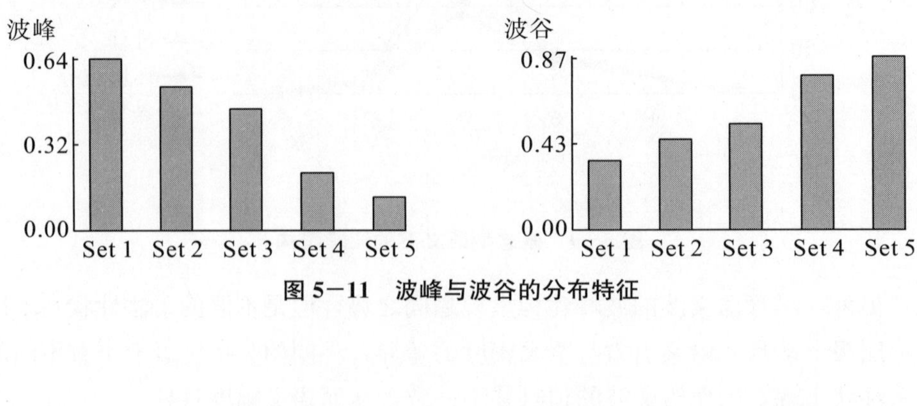

图 5－11　波峰与波谷的分布特征

上图中，横轴表征在不同语义波语义幅度中，波峰与波谷分别为参与者（Set 1）、图示（Set 2）、环境成分（Set 3）、序列（Set 4）、过程（Set 5），纵轴表征各语法性状在不同语义波幅度上的出现频次。可以发现，波峰的起伏变化恰好对应波谷的起伏变化，即各语法性状在波峰中的依次递减对应其在波谷中的依次递增。

5.7　小结

本章主要讨论了英语科普语篇中三种类型语义波的分布特征，即语义波的出现类型、分形层级、移动方向、语义幅度、波峰与波谷的建构资源五方面。概念型语义波、时间型语义波、空间型语义波的分布呈逐步减少的趋势，原因在于科普知识本身的科普场域与语义波本身的分形途径各异。其次，语义波的分形途径建构了不同类型语义波的语义框架，即概念型语义波具有起伏性与连续性特征，时间型语义波与空间型语义波仅具有连续性，不具有起伏性特征，这与语义波的分布特点及语义幅度是契合的。

不同类型的语义波可出现于不同的分形层级，呈现出不同的语义波移动方向，体现出不同的语义波语义幅度。在本研究的英语科普语篇中，概念型语义波的分形层级呈现小句复合体、小句、词组、语段、语篇的递减趋势，小句复合体出现最多，词层级最少。而时间型语义波与空间型语义波都只出现于小句复合体以上层级。再次，就语义波的移动方向而言，概念型语义波呈现出四种移动方向，即升－降－升、下降、上升、降－升－降，而时间型语义波与空间型语义波呈现平线移动。就语义波的语义幅度而言，时间型语义波与空间型语义波不具有起伏性特征，波峰与波谷无法识解，其中时间型语义波仅具有语义引力差异，而空间型语义波仅具有语义密度差异，因而二者仅呈现出分形层级的差异，而不具有语义幅度差异，时间型语义波的分形层级比空间型语义波的分形层级更高。而概念型语义波则完全不同，除了其分形层级比前两者多样之外，其语义幅度还体现于波峰与波谷之间的高低差异。概念型语义波的语义幅度在不同分形层级上至少呈现出 21 种变体。在词组分形层级上，语义波的语义幅度限于词－词组、词组－词组、词组－小句 3 种变体。在小句分形层级上，语义波的语义幅度出现了 4 种变体，即词－词组、词组－小句、词－小句、词组－词组。在小句复合体层级上，语义波的语义幅度出现了 8 种变体，分别为词－词组、词－小句、词组－小句、小句－小句复合体、词－小句复合体、词组－小句复合体、词组－词组、小句－小句、小句复合体－小句复合体。在语段层级上，语义波的语义幅度出现了 2 种变体，即小句－小句复合体、小句复合体－小句复合体。在语篇分形层级上，语义波的语义幅度出现 1 种变体，即小句复合体－语段。在三种最高移动情形中，语义波的语义幅度值呈现出逆反性特征，即随着语义移动幅度值的升高，其频数逐步减少。

语义波的语义幅度值随着分形层级的升高而逐渐增多，超过小句复合体分形层级后又呈现逐渐下降的趋势。语义波的语义幅度受制于其出现的分形层级，不可能出现超越其本身分形层级的语义幅度变体。不同的语义波语义幅度在词组分形层级上的语义幅度较小，主要体现为词组－词组变体；在小句复合体分形层级上语义幅度有所增大，主要体现为小句－小句复合体、词组－小句复合体变体。在不涉及语义波的移动方向的前提下，波峰的建构呈现参与者、图示、序列、环境成分、过程的递减趋势，波谷的建构呈现过程、环境成分、图示、参与者、序列的递增趋势，波峰的语法性状与波谷的语法性状并不呈现绝对的一一对应。

而在语义波的波峰与波谷的建构资源交叉分析中，波段各异的概念型语义波具有不同的语义波切入点与终点，其由不同的及物性功能角色建构。从及物性角色本身来看，不同语法性状的及物性角色在不同分形层级上也具有不同的分布特征，体现了概念型语义波的不同波段长度、语义幅度及其移动的起伏性。而在不同的语义波幅度中，不同语法性状的波峰与波谷的分布特征体现出了相互对应的关系。

上述不同类型的语义波分形特征表明英语科普知识既是对专业科学知识的解码，也是科学知识再生产的参与者。英语科普语篇的语义波既是对专业科学知识的再语境化呈现，也是对科普语场的映射。概念型语义波的波段起伏性与连续性则体现了对英语科普语篇的告知性教育功能的凸显，而时间型语义波与空间型语义波的连续性与持续性则体现了对英语科普语篇的劝说性叙事功能的凸显。三者的交织充分表明科学知识既是脱离具体语境的知识编码又是来自具体语境的知识解码，语境与语篇的分形特征成为知识与读者之间进行互动协商的界面。其次，语义波的分形层级、移动方向、语义幅度、波峰与波谷的建构是相互联系、相互影响的，任何分形特征的微调必将在其他任一方面特征的表现。

第 6 章　英语科普语篇语义波的谐振效应

6.1　引言

本章首先将基于语义波的三维分形模型对谐振进行界定，进而详细阐释三种类型语义波之间的谐振效应，再进一步分析同一类型语义波在不同分形层级上的谐振效应，然后探讨各种语义波谐振效应与语篇信息波的关系，最后探讨建构语义波谐振效应的语法资源与语言资源。

6.2　谐振的定义

只有所言语篇的语境被知晓，所言语篇的意义才可理解，换言之，理解了所言语篇的意义，语篇的语境也就被知晓了（Ure & Ellis，1977）。因此，“任何语篇，不论长短，口语的或书面的，都负载语境显示”（Halliday & Hasan，1989：38）。这种语境显示，即语境值，与其内部的意义具有系统性的对应。这种对应就是元功能谐振，即语场值与概念意义谐振，语旨值与人际意义谐振，语式值与语篇意义谐振（Halliday，1978；Halliday & Hasan，1989；Halliday & Matthiessen，2014）。语境与语言的对应基于意义层级的功能组织，在层次化的模型中，三类关系映射在不同的抽象化等级中。在 Hasan（2014）看来，谐振是隐喻性的概念，指语境与元功能之间的相互性关系。

除此之外，有系统功能语言学者指出谐振是语篇中不同地方的同一意义的表达，谐振依赖于累积性重复与强化。Thompson（1998：32）认为在语篇发展的某个节点上有建构某一意义的几个不同措词时，作者可能选择与语篇性特征（tone）谐振的措词，因为词语可能在某些语境中具有不被视为相关的潜在意义成分，但在其他语境中，无论在多么细微或潜在的层次上，其都可能被激活而视为相关，从而与共享潜势成分的选择形成谐振。Thompson 所指的谐振与 Louw（1993）所谓的语义韵（semantic prosody）相似，但是 Louw 的语义韵主要限于简短语篇片段的搭配方面，而 Thompson 的谐振概念是在相对更长的语篇片段运作，是对语篇性的塑造。然而，某一语篇性特征的谐振可能在某些选择中得以显性建构，而同时在其他选择中却隐性建构，或间接地由共享相同意义的潜势成分建构。因此，谐振似乎是与人际意义相关的韵律特征，没有边界固定的连续性表达形式（Thompson，1998：42）。因而与及物性不同，谐振不是某种词汇语法系统，是语篇层次的交际策略（Thompson，1998：44）。

与 Thompson 有别，Martin（1995a）指出，语篇与小句是分形谐振的关系。小句层面的语法关系与语篇语义层面的语篇关系是类比的。Martin 从元功能类比的角度分别阐述了人际的韵律结构、概念的粒子结构、语篇的格律结构在小句与语篇层面上的谐振关系。从韵律体现来看，小句层面的极性系统可类比为语篇中的反复（repetition）手段。从粒子体现来看，小句层面的部分与部分关系体现于逻辑类比。一方面，小句与小句层面的主从与并列关系在语篇结构层面没有关联（Martin，1995a：276）；另一方面，在小句层面的言语投射、思想投射、详述、延展、增强等扩展策略中，言语投射与详述、延展在语篇结构中具有相对同等的地位，而思想投射与增强关系具有相互依赖的关系。不同的是，小句层面的部分与整体关系在语篇结构中可类比于嵌入关系与级阶关系。级阶关系意指语篇结构的阶段层级，而就嵌入关系而言，语类可被作为语篇发展中的某个阶段，如宏观提议或命题。

从格律体现来看，Martin（1995a）认为小句层面的语篇意义在于凸显，其体现于句首的主位与句尾的新信息。而在语篇结构中，格律的等级性体现于语篇的超主位与超新信息、宏观主位与宏观新信息。语篇意义参照格律结构的等级性建构符号现实，而等级性的复杂性原则上取决于语篇意义的多少，意义越多，格律结构就不得不越详细。

不难发现，在系统功能语言学的元功能谐振基础上，Thompson 与 Martin 对于谐振的界定是互补的。前者从语篇中的措词选择出发，聚焦词汇语法选择的谐振建构效应，即词汇语法选择中的意义的某些潜势在某个语境中是背景化或不相关联的，但在另一个语境中因为其潜势方面与语篇中的其他选择达成谐振而得以显化，也就是说，某些显化的支配性选择或与某些次显化选择达成谐振，或与某些隐性潜势选择达成谐振。Thompson 所指的谐振是从词汇语法选择出发的，是语篇中不同选择的潜势方面对相同效应的建构。而 Martin 所指的谐振是从元功能出发的，主要意指小句层面的语法关系与语篇层面的结构关系之间具有某种不规则相似性，是不同层次之间的类比性的体现。

在参照上述关于谐振的论述的基础上，本章中所指的谐振着重强调不同性质的语义波之间以及同一语义波不同层级之间的谐振效应，因为不同的语义波形成机制可以共同使用，以推动语义波向前推进（朱永生，2015a），语义框架可在任何层次被刻画，从微观层面、中观层面到宏观层面的移动，语义分析框架可分形地体现渐次高升的波段中的波段（Maton，2013：17）。

6.3　语义波的横向谐振

在英语科普语篇中，三种类型的语义波之间的横向谐振体现于小句复合体层级上的不同类型语义波的同时共现。首先，三种语义波类型的共性是只在小句复合体层级之上产生了共现（co-occurrence），其他层级上没有出现，因此小句复合体是三种语义波谐振的体现层级。另外，从及物性功能角色来看，小句图示中的参与者、过程等概念功能角色与其时空环境成分体现对日常经验的差异建构，参与者、过程位于图示的核心地位，而环境成分处于边缘地位，参与者、过程、环境成分构成一个轨道结构式的连续体。以上两点为三种类型的语义波谐振提供了语法基础，即概念型语义波的概念意义成分、时间型语义波的时间环境成分与空间型语义波的空间环境成分在任何层级上都不具有相互排他性，也就是说，概念型语义波基于名物化功能角色，时间型语义波与空间型语义波基于环境成分，这为三者在各个层级上产生谐振效应提供了及物性基础。

6.3.1　概念型语义波与时间型语义波的谐振

在小句复合体层级上，概念型语义波具有起伏性，即波峰与波谷交替移动，而时间型语义波不具有起伏性，呈现语义平线，二者的谐振效应在于概念型语义波与时间型语义波的交互使用。请看例 6－1：

例 6－1：

//【THE FIRST TURN in the tide came when France discovered how to make plate glass. //PREVIOUS TO THIS INVENTION, all flat glass was cut from cylinders or disks of blown glass, but NOW the metal was poured directly from the pot onto an iron table and flattened with an iron roller.】//（T－44）

在上例中，灰色底纹部分为时间环境成分，体现时间型语义波的推进，画线部分为概念型语义波。不难看出，在时间型语义波中，"the first turn" 建构为时间定位，也就是体现为时间分割，其后的 "previous" 词组与 "now" 建构时间排序；在概念型语义波中，波峰为小句复合体 "the first turn in the tide when France discovered how to make plate glass"，波谷为其后的并列型小句复合体，在波峰中还可以发现概念型语义波，即小句复合体首部的名词词组 "the first turn" 为次一级波峰，其剩余部分为次一级波谷。因此，概念型语义波的波峰与时间型语义波的时间定位成分出现重叠，都为 "the first turn"。随着语篇时间的展开，时间型语义波沿着时间环境成分展开，即时间定位与时间定向的交替使用。而概念型语义波随着对波峰的进一步明晰展开，首先在次一级波段中被 "when" 引导的小句复合体明晰；其次，在高一级波段中，概念型语义波层级从主从小句复合体分形为并列小句复合体，语义密度进一步降低，语义引力进一步增强。由此，时间型语义波与概念型语义波产生谐振效应，即时间定位与时间定向的交替和波峰与波谷的交替产生谐振，其中波峰与时间定位成分 "the first turn" 出现重叠。

6.3.2 概念型语义波与空间型语义波的谐振

与上例相似，概念型语义波与空间型语义波在小句复合体层级上也可产生谐振效应，但是与上例不同的是二者的谐振不是基于概念波峰与定位成分的重叠展开，而是呈现波段中的波段的谐振，如例 6－2 所示：

例 6－2：

///BENEATH THE CRUST lies /the mantle, a very different layer that extends approximately halfway to the Earth's center/. // THERE the rock is the subject of a battle between increasing heat and growing pressure. // IN ITS HIGH LEVELS, the mantle is relatively cool; AT GREATER DEPTHS, high temperatures make the rock behave more like a liquid than a solid. DEEPER STILL, the pressure is even more intense, preventing the rock from melting in spite of a higher temperature. BEYOND A DEPTH OF AROUND 2,900 KILOMETERS, a great change takes place and the mantle gives way to the core. Some seismic waves cannot pass through the core and others are bent by it. /// (T−51)

上例中，方框内词组为空间型语义波的空间环境成分，灰色底纹部分为概念型语义波的不同波段。不难发现，空间环境成分并没有与某一概念波峰成分出现重叠，第一个语义波波段中，“beneath the crust”为空间定位成分，“the mantle”为波峰，之后的带有嵌入小句的名词词组为波谷，概念型语义波位于词组层级；在第二个概念型语义波段中，“there”为空间定位成分，其后小句中的“the rock”为波谷，波峰为小句的后半部分，概念型语义波位于小句层级。“In its high levels, at greater depths, deeper still, beyond a depth of around 2,900 kilometers”都为空间定位成分。在整个小句复合体中，空间型语义波体现于空间定位成分与空间定向成分的交替展开，而概念型语义波体现于词组层级的波峰、波谷移动，即第一个波段（/），小句层级的波峰、波谷移动，即第二个波段（//），小句复合体层级的波峰、波谷移动，即整个小句复合体（///），其语义波呈现下降移动。因此，随着语篇时间的展开，二者的谐振在于空间环境成分可出现于不同层级的概念型语义波段中，空间型语义波呈现空间定位与空间定向的交替展开，而概念型语义波呈现波段中的波段的展开。

6.3.3　时间型语义波与空间型语义波的谐振

与概念型语义波的谐振不同，时间型语义波与空间型语义波都为语义平线移动，也就是说，语义波的移动载体没有等级性特征，只有连续性特征。在及物性图示中，时间环境成分与空间环境成分在小句图示中相互不具有排斥性，都位于小句图示的边缘，体现图示建构的时间与空间属性，因而时间型语义波与空间型语义波的连续移动呈现为各环境成分的交替出现。但是，与空间环境成分不同的是，时间性表达也可通过小句图示的过程建构，过程在小句图示中也具有时间性，这种时间性建构从语义分形来看是语法选择的体现，而不是词汇选择的体现。请看例6-3：

例6-3：

【BORN in Alabama，but RAISED in Chicago，she STUDIED chemical engineering and African-American culture and history at Stanford University . To help others，she decided to BECOME a doctor. WHILE STILL A MEDICAL STUDENT，she went to Cuba and Kenya on study trips，THEN worked in a refugee camp in Thailand . She spent THREE YEARS in West Africa as a doctor with the Peace Corps. WHEN Dr. Jemison finally returned to the United States，she settled in California to practice medicine. And it was then that she decided to reach for the stars.】(T-1)

上例中，灰色底纹大写部分是时间性表达，灰色底纹小写部分是空间性表达。时间性表达体现出不同的功能性状与词汇语法选择。依据Coffin的时间识读方法，上例中过程类的时间表达体现时间分段，“while”体现背景安排，“when”体现时间排序，“then”体现时间排序，“three years”体现时间持续，“finally”体现时间分段。而就Maton的时间性而言，时间定位等同于背景安排，时间定向等同于排序，时间型语义波体现于时间定位与时间定向的交替使用。上例中的空间性表达大都为环境成分，体现空间定位，如“in Alabama”“in Chicago”“at Stanford University”，而“Cuba and Kenya”“the United States”为空间定向成分，空间型语义波也体现于空间性表达的交替使用。由此，时间型语义波与空间型语义波的谐振在于整个语义波段中的各语义波载体成分的交替出现，“推动语义波向前发展的主要是时间性和空间性的交互作用”(朱永生，2015a：55)。与前两种情形不同，时间型语义波与空间型语义波的谐振在于语义波载体成分的交替出现，而没有共享的重叠成分或波段中的波段，其根本原因在于语义波的分形途径。

6.3.4 三种类型语义波的谐振效应

在英语科普语篇中，我们没有识别到三种类型的语义波谐振的同时出现，原因有二：首先，这或许与科普语篇本身的科普语场或语域范围有关，在此无法对其进行进一步详述；其次，在本研究中，概念型语义波大多基于名物化概念性语义成分在不同分形层级上展开，当空间性或时间性表达转化为名物化概念成分时，就将被视为概念型语义波。因此，尽管各类型语义波的表达成分在及物性系统中不具有排斥性，但是当时空环境成分表达出现周期性措词时，就成为概念性表达，这或是不能出现三种类型的语义波谐振的主要原因。尽管如此，我们仍然认为在理想状态下，应该有出现三种语义波的共现谐振的可能，因为各语义波类型的载体是各异的，三种类型的语义波移动载体在各分形层级不具有相互排斥性，各语义波的即时共现同样存在横向谐振可能。

6.4　语义波的纵向谐振

语义波的横向谐振限于不同分形途径的语义波类型之间，而语义波的纵向谐振则指同一语义波类型在不同分形层级上的谐振效应，即波段中的波段的效应。由于时间型语义波与空间型语义波只是呈现连续性的移动特征，时间的连续性与空间的广延性是无法截然分割的，二者的语义波段不具有波段中的波段的特征，因此本节所指的语义波纵向谐振只限于概念型语义波。

在概念型语义波中，出现频数最多的层级为小句复合体，然后依次为小句、词组、语段、语篇层级。当各层级中再次出现高于或低于其层级的相同语义波类型时，同一语义波类型就在不同层级上呈现纵向的谐振效应，即波段中的波段。请看例 6−4：

例 6−4：

(a) //What Albert Einstein had in mind was a chain reaction among the atoms of a radioactive element such as/ Uranium, a substance that would keep firing off neutron bullets as it decayed. //（小句层级）(T−22)

(b) //The word "smog" is a combination of the words "smoke" and "fog"/, but "smog" itself is a mixture of many more ingredients. //（小句复合体层级）(T−52)

(c) ///Instead, we'll reach again for a time-tested moral notion, one sometimes called the Golden Rule/ and which Immanuel Kant, the millenium's most meticulous moralist//, gussied up into a categorical imperative: Do unto others as you would have them do unto you; treat each person as an individual rather than as a means to some end. ///（小句复合体层级）（T—76）

（ d ）//There are four main types of viruses: shell, intrusive, operating system and source code. / Shell viruses wrap themselves around a host program and don't modify the original program. Shell programs are easy to write, which is why about half of viruses are of this type. Intrusive viruses invade an existing program and actually insert a portion of themselves into the host program. Intrusive viruses are hard to write and very difficult to remove without damaging the host file. Shell and intrusive viruses most commonly attack executable program flies-those with a. corn or. exe extension//, although data flies are also at some risk. Operating system viruses work by replacing parts of the operating system with their own logic. It is very difficult to write operating system viruses and these viruses have the ability once booted up, to take total control of your system. For example, some operating system viruses have hidden large amounts of attack logic in falsely marked bad disk sectors. Source code viruses are intrusive programs/ and they are also inserted into a source program such as those written in Pascal prior to the program being complied. These are the least-common viruses because they are not only hard to write, but also have a limited number of hosts compared to the other types.（语段层级）（T—70）

（ e ）//Today our lives are changing faster than at any time in history. Here we report on three important changes that will have a big impact on our everyday lives in the future.//

The Cashless Society

Cash and banknotes will disappear almost completely. They will be replaced by smart cards—plastic cards with microchip processors loaded with some money. When we pay for goods, the retailer will insert our smart card into a payment terminal and money will be transferred from our card to the retailer's cards. When all the money is used up, we will be able to "reload" it by inserting in into a telephone, dialing our bank account and transferring money to the card from the account. If we want to transfer money from card to a bank account, we will use the same method. Smart cards will be able to hold several different currencies at the same time, so if we go aboard, we will use our smart cards in the same way.

Interactive Telephones

Human telephone operator will be sharply replaced by talking computers. These computers will recognize speech, ask us what information we need, access the information from a database, and convert it to speech. If we want to book a flight or pay a bill by phone, we will interact with a talking computer to do so. Of course, this won't happen until all the technology is in place, but when it is we will soon get used to interacting with computers in this way. Human telephone operators will be used only for more complex operations such as dealing with complaints or solving concrete problems.

Intelligent Cars

Traffic congestion in cities will be reduced because drivers will use electronic route maps to find the quickest route to their destination and avoid traffic jams. Congestion will also decrease when electronic systems start charging motorists for driving in cities. As soon as motorists have to pay to drive in cities, they will stop using their cars and use public transport instead. Speed control systems will be built into cars. These systems will automatically regulate the speed of the car to take account of traffic and weather conditions and prevent accidents. //

It will be many years before these changes bring results but when they do, there will be a gigantic improvement in road safety. ///（语篇层级）　（T－33）

在以上实例中，根据 Halliday（1994）的小句联结观点，(a) 位于小句层级，包含高低两个波段。在高一级波段中，波峰为名词词组"a chain reaction"，波谷为句首的嵌入主语小句；低一级波段为词组，波峰为名词"uranium"，波谷为其后由嵌入小句修饰的名词词组"a substance"。因此，可以发现，随着语篇时间的展开，在整个高一级波段中，语义波在小句层级上呈现上升的移动趋势，而在其次一级波段中，语义波在词组层级上呈现下降的移动趋势，高一级语义波与低一级语义波是逆向移动的谐振关系。(b）位于小句复合体层级，包含两个语义波段，语义波呈现为小句层级的下降移动。波峰都为词“smog”，波谷分别为“a combination of the words ‘smoke’ and ‘fog’”与“a mixture of many more ingredients”。第一个波段（/）与第二个波段（//）是同向移动的谐振关系。(c）同样位于小句复合体层级，包含3个波段，波段一（/）为小句与小句之间高一层级的上升移动，波段二（//）与波段三（///）为低一层级的下降移动，其中波段二为词组层级之间的下降移动，波段三为词组与小句复合体层级之间的下降移动，语义波体现高层级与低层级之间逆向移动的谐振关系。(d）位于语段层级，波峰为语段的起始小句，其余为波谷部分，在波谷部分，低层级的语义波段仍然存在，如其中的底纹方框部分所示，为词组层级与小句层级的波段，且都呈现语义的下降移动，位于语段高层级的语义波段与其低层级的语义波是同向移动的谐振关系。(e）为语篇层级，语义波峰为语篇的首尾段落，波谷为其中的二、三、四语段。在波谷中，低层级语义波为底纹方框字体与其下段落；在段落中，更低一层级语义波体现各分段中的底纹方框部分。因此语篇中的不同层级语义波呈现出波段中的波段的谐振，语篇层级的语义波呈现“高→低→高”的起伏移动，语段层级的语义波呈现“高→低”的起伏移动；各分语段层级中的语义波位于词组层级，呈现“高→低”的起伏移动，因此除语篇末尾波峰以外，各层级的语义波形成同向移动的谐振关系。由此可以得出，随着语篇时间的展开，低层级的语义波逐渐与更高一层级的语义波产生谐振效应，这种渐次发生的语义波谐振效应随着层级的升高而逐渐复杂并增强。

6.5 语义波与语篇信息波的谐振

尽管时间型语义波、空间型语义波与概念型语义波在横向谐振与纵向谐振方面存在较大差异，但是三种类型的语义波却都存在与语篇信息波的谐振关系，这是三者的共性特征。

时间型语义波出现于小句复合体与语段层级，而空间型语义波出现于小句与小句复合体层级，概念型语义波出现于词组、小句、小句复合体、语段、语篇层级。三种语义波类型与语篇信息波的谐振体现于语义波的载体共享，波峰、波谷与主位波、信息波的主述结构成分重叠两方面，如例 6－5 所示：

例 6－5：

时间型语义波：

（a）【LIFE originated IN THE EARLY SEAS LESS THAN A BILLION YEARS AFTER THE EARTH was formed. Yet ANOTHER THREE BILLION YEARS were to pass BEFORE THE FIRST PLANTS AND ANIMALS APPEARED ON THE CONTINENTS.】（T－45）（小句复合体）

（b）【THE FIRST TOTTERING STEPS had been taken IN THE 1920'S AND 1930'S，when scientists discovered that the atom could be split and split again WHEN BOMBARDED with heavy neutrons，and that IN THE PROCESS tremendous amounts of energy were released. AS THE 1940S approached and Nazi activities in Europe became more alarming，Albert Einstein，who had had vast experience studying the relation of energy to matter，realized what the new discoveries meant. IN AUGUST 1939 he sent President Franklin D. Roosevelt a letter saying，in part，that THE RECENT SCIENTIFIC DISCOVERIES led him "to expect that the element Uranium may be turned into a new and important source of energy in the immediate future...（and）would also lead to the construction of bombs".】（T－22）（语段）

空间型语义波：

（c）　【We put the red card on the table in the garden among the set of different gray cards】.（T－36）（小句）

（d）　【Beneath the crust lies the mantle，a very different layer that extends approximately halfway to the Earth's center. There the rock is the subject of a battle between increasing heat and growing pressure. In its high levels，the mantle is relatively cool；at greater depths，high temperatures make the rock behave more like a liquid than a solid. Deeper still，the pressure is even more intense，preventing the rock from melting in spite of a higher temperature. Beyond a depth of around 2,900 kilometers，a great change takes place and the mantle gives way to the core. Some seismic waves cannot pass through the core and others are bent by it.】...（T－51）（语段层级）

概念型语义波：

（e）//The software，a special version of Microsoft's new Windows XP operating system//（T－30）（词组）

（f）//The virus that can steal your money belongs to a kind of the second network viruses.//（T－70）（小句）

（g）//Polarized light is not a "kind" of light（like ultra-violet）that we can visualize as being a different color from the light that we see；it is rather a pattern of light waves//（T－28）（小句复合体）

在上述示例中，（a）与（b）为时间型语义波，（c）与（d）为空间型语义波，（e）（f）（g）为概念型语义波。可以发现，无论是语义波的时间环境成分、空间环境成分还是概念成分，在所处层级中都与语篇信息波的主位或述位部分重叠。（a）与（b）中的灰色底纹部分为时间定位成分或时间定向成分，其与小句复合体层级的主位和述位结构成分重叠，如（a）中，"in the early seas less than a billion years"为述位部分，而"after the Earth"为主位部分，"yet another three billion years"与"before the first plants and animals"为主位部分，（b）中的灰色底纹部分同样。（c）与（d）的空间定位成分或定向成分也与所处层级的主位成分或述位成分重合，（c）中的"on the table in the garden among the set of different gray cards"为述位，（d）中的"Beneath the crust""There""In its high levels""at greater depths""Deeper still""Beyond a depth of around 2，900 kilometers"为主位成分。概念型语义波尽管其语义分形的层级跨度更大，但是与前两者同样，其体现分形层级的概念性成分，即波峰，也与所处层级的主位或述位结构重合。如（e）中词组层级的"The software"为主位，（f）中小句层级的"The virus"与（g）中小句复合体层级的"Polarized light"也为主位；"a special version of Microsoft's new Windows XP operating system""a kind of the second network viruses""a 'kind' of light，a pattern of light waves"为述位成分。而概念型语义波的小句复合体之上层级的语段与语篇，如上文例6－4中的（d）与（e）所示，语段层级中的波峰与语段的超主位重叠（底纹方框部分所示），语篇层级中的波峰与其中的宏观主位（首段落）、超主位（底纹方框部分所示）重合。

依据Thompson与Martin关于不同性质谐振的观点，我们认为三种类型语义波的自身谐振特征以及其与语篇信息波的谐振都是基于相同的载体，即概念意义。时间型语义波基于时间性表达，各时间性表达在及物性功能角色中被视为环境成分；空间型语义波基于空间性表达，各空间性表达在及物性功能角色中也被视为环境成分；概念型语义波基于概念意义，尤其是及物性功能角色中的参与者；语篇信息波以不同层级的主述位结构与信息结构为依据。由于系统功能语言学对主述位结构的判断是依据经验意义的（Halliday，1994；杨炳钧，罗载兵，2012），因此，各类型的语义波以及语篇信息波的移动都是基于概念意义这一共同载体的：时间型语义波以时间的连续性进行推进；空间型语义波以空间的发散性进行推进；概念型语义波以连续性与起伏性进行推进；语篇信息波以经验意义的出现位置为出发点，呈现为不同的周期性推进。

6.6　语义波谐振效应的建构资源

在英语科普语篇中，各语义波类型从词组到语篇呈现不同层级的频数分布特征，呈现不同的即时共现谐振效应，这表明语义波的分形语法涉及不同层级的词汇语法资源。尽管系统功能语言学与合法化语码理论之间没有一一对应的概念，但是探析语义波涉及的语言资源是有价值的，因为其将揭示复杂语言资源被运用于产生所交换的知识形式的变化（Matruglio et al.，2013）。从语义波的载体来看，各语义波类型都是基于不同性状的概念意义；从语义波的移动方向来看，语义波涉及语义平线与语义起伏移动；从语义波的分形语法来看，各语义波涉及级阶移动、范畴跨越、语法选择、词汇选择、离心扩散、向心压缩；而就语义波的谐振效应而言，其语法资源主要涉及及物性系统的识别型关系小句，投射系统的客观化事实投射，经验与逻辑语义资源之间的转化如嵌入与级转移，以及语法隐喻；从语义波的语言资源来看，语义波的谐振效应涉及权力词汇、权力语法、权力写作的调用。

6.6.1　关系小句

系统功能语言学认为任何语言的词汇语法系统都是关于人类经验的理论（Halliday，1999：109）。人类经验基本由发生（happenings）组成，而图示是发生的语义表征，小句图示是建构经验语法的基本单位，小句复合体是最高的概念组织。经验重量（weight）在关系图示中“由两个参与者建构，过程仅是参与者之间高度概括化的连接”（Halliday & Matthiessen，2014：262），关系过程的动词一般是非突出的，弱化且非重读，而参与者是突出的。过程的弱音位存在象似性地表征了其关系过程中参与者的高度概括化的语法本质。在及物性系统中，识别型关系过程包含着两个固有的参与者，各参与者之间建构整体与部分的类与成员关系以及成员与成员之间的识别关系。Davidse（1992，1996）从符号视角将类与成员关系视为实例化的符号关系，并将识别关系视为符号的体现关系，因此类与成员关系和识别关系本质都是抽象化的分形关系，即“参与者（载体）+过程+参与者（属性）的配置解开了所有经验域中建构类与成员关系和识别关系的潜势”（Halliday & Matthiessen，2014：262）。因此语篇的语法抽象效应凸显关系小句，弱化物质小句，凸显名词词组，弱化小句复合体（Halliday & Martin，1993：240）。关系小句分形地建构了语场中的固有类分关系。

从语义波的波峰与波谷来看，波峰是语义引力更弱、语义密度更高的分形组织，而波谷是语义引力更强、语义密度更低的分形组织，波谷是对波峰的解包建构，波峰是对波谷的打包建构，因而关系小句的固有参与者正是对波峰与波谷的概念资源的映射。基于名物化实体，归属类关系小句与识别类关系小句的参与者建构语义波的起伏移动，载体与属性、识别者与被识别者形成部分与整体、类与成员、上义与下义的概念类分关系。换句话说，关系本质在两个独立实体间得以建立，语义波的起伏移动正是基于这种独立实体间的概念类分关系而体现于关系图示中的。

传统语法通常把关系小句区分为限定性（defining）关系小句和非限定性（non-defining）关系小句（文旭、刘润清，2006）。在系统功能语言学看来，关系小句是科学语言偏爱的小句类型（Halliday，1998a，1999），常识与专门化知识都使用名词词组和关系小句来进行经验分类（Halliday & Martin，1993：224）。赵清丽（2012）指出，在中小学物理教材知识建构中，具体的日常生活实体、泛指实体、科技实体、隐喻过程实体出现的频率较高。Martin & Rose（2007）对语场中的实体类型进行了划分，指出了具体实体、抽象实体、隐喻实体三类，而在本研究的英语科普语篇中，小句层级上的概念型语义波的不同语义波幅度都基于关系小句中的不同类型实体。在归属类关系小句中，载体与属性都由实体建构，而不由特征建构；在识别类关系小句中，识别者与被识别者建构的语义波幅度同样体现于不同实体类型之间的建构，如表6－1所示：

表 6-1　关系小句的语义波幅度（N=56）

类别	频数	比率	标准频数
词-词组	4	7.14%	4.14
词组-小句	10	17.86%	10.34
词-小句	1	1.79%	1.03
词组-词组	41	73.21%	42.40

在小句层级中，三种类型语义波的出现频数为 58 次，概念型语义波出现频数为 56 次，空间型语义波出现频数 2 次，时间型语义波没有出现（见表 5-1）。其中，概念型语义波的语义幅度存在 4 种变体，即词组-词组、词组-小句、词-词组、词-小句。在上述 4 种可能性语义波幅度中，由关系小句建构的语义波出现频数为 55 次，随着语义波幅度的增大，4 种语义波幅度类型在小句层级上依次减少。请看例 6-6：

例 6-6：

(a) //Polarization is the filtering out of all planes of light except one.//（词-词组）

(b) //It would be just over twelve acres—the sort of a small holding.//（词组-小句）

(c) //Computer viruses are small programmes.//（词组-词组）

(d) //Tobacco smoking, particularly cigarette smoking is associated with a shortened life expectancy.//（词组-词组）

上述实例为不同语义波幅度的关系小句，波谷与波峰均由底纹方框部分表征。可以发现，小句层级的波峰体现于不同类型的实体建构，如（a）中的虚拟（virtual）实体，（b）中的隐喻化实体，（c）中的具体化实体，（d）中的隐喻过程实体。各实体均位于关系小句的主位或述位位置，从而关系小句的不同实体建构的概念型语义波与小句的语篇信息波产生谐振效应。

系统功能语言学（Halliday & Matthiessen，2014：262）认为关系小句是名物化的，关系图示建构的载体与属性的关系也可体现于某个特征实体中，即“载体+过程+属性”的配置向“特征+实体”的转化，如“the house is old→the old house”。因此，在关系小句中，这种转化关系也体现出对关系过程的弱化或缺省，即经验意义向逻辑意义的转化，这样的转化关系在小句层级上也出现于语义波的不同幅度之中，尤其是词组-词组幅度类型。请看例 6-7：

例 6-7：

（a）//Simple actions，such as eating and drinking，become very difficult.//（词组-词组）

（b）//The continents and the seabed are formed by the crust—a thin sphere of relatively light，solid rock.//（词组-词组）

在上述实例中，波峰与波谷由底纹方框部分建构，位于词组-词组的语义波幅度。可以发现波峰与波谷的概念类分关系不再体现于小句的经验图示，即关系过程已被弱化，被连词词组“such as”与特殊符号（破折号）建构，经验关系体现于概念类分的语义层级关系。尽管如此，概念型语义波同样与小句的信息波在主位或述位上产生谐振效应，也就是说语义引力弱、语义密度高的不同实体具有偏爱占据经验主位或新信息述位的语义潜势。需要指出的是，由于语义波的载体各异，关系小句仅限于概念型语义波，其在时间型语义波或空间型语义波中并未出现，因此本文不做探讨。

6.6.2 客观化事实投射

扩展与投射是语义分形的基本原则，经验关系与逻辑关系的转化体现扩展与投射原则的运作。关系小句中的集约型、领属型与环境型体现独立实体的概念类分关系，是建构概念型语义波的概念语法资源之一。与此类似，基于逻辑语义关系的投射系统同样也可成为建构语义波谐振效应的概念资源。投射系统建构客观现实与主观现实的报道、引用与事实，而事实投射涉及的经验意义与逻辑语义的转化正是建构语义波起伏移动的一种资源。

系统功能语言学将事实投射定义为任何不带有说话者的言语过程或感觉者的心理过程或隐喻性名词词组投射的被投射小句，且其事先已被打包为被投射形式（Halliday & Matthiessen，2014：537）。事实投射具有 4 种次类，即事例、机会、证据、需要。其中，事例与日常非情态化命题相关，中心词一般为事实性名词，如“it is the case that”；机会与情态化命题相关，如“it may be the case that”；证据与启示性命题相关，等同于因果情态，如“this proves/implies that”；嵌入提议意指需要次类，如“a requirement is to seek”。四者都涉及逻辑语义关系中的嵌入关系，是符号现实中一级层面的预制经验现象。

嵌入投射通常由名词中心词与事实小句组成，但是无论名词词组是否具有中心词地位，事实小句都只能以嵌入的形式体现。客观化事实的典型环境是集约型关系过程，包括归属关系小句与识别关系小句，此类事实小句本身是作为名物化的嵌入小句，是关系过程小句中的成分体现。其因为嵌入小句，故具有一个同源性变体，即事实小句作为事实名词词组的后置修饰语。

就概念型语义波的建构而言，事实小句的事实名词，即概括实体，与事实小句构成语义波的波峰与波谷。事实名词建构的实体可被视为语义引力更弱，语义密度更高，即事例、机会、证据、需要类名词或词组，而事实小句被视为对事实名词的内容的名物化，常建构为图示，因此语义引力更强，语义密度更低。客观化事实的典型环境为关系过程小句，其同源性的变体为名物化的事实小句与事实名词的语篇建构。那么，在客观化事实小句中，概念型语义波呈现下降的移动，即“事实名词＋嵌入事实小句”的结构，而其同源变体呈现语义波的上升移动，即“嵌入事实小句＋关系过程＋事实名词”的结构。请看例 6－8：

例 6－8：

（a）//**The extreme positivistic view**，enunciated by Vaihinger，is that we can only say that phenomena occur as if certain laws held. //（T－62）

（**The extreme positivistic view that we can only say that phenomena occur as if certain laws held** is enunciated by Vaihinger）.

（b）//**One challenge for our society** is to find a solution to the questions raised by these changes. //（T－7）

（**To find a solution to the questions raised by these changes is** one challenge for our society.）

（c）//**The fact** that they were not working correctly indicates that severe psychological stress，such as a loved one's death，may damage an important part of our immune system，namely，the lymphocytes. //（T－14）

（**That they were not working correctly indicates** the fact **that severe** psychological stress，such as a loved one's death，may damage an important part of our immune system，namely，the lymphocytes.）

在上述实例中，黑体部分表征事实名词，画线部分表征事实小句。可以发现，事实名词与事实小句之间的嵌入关系体现在不同层级上，即“事实名词＋事实小句”的建构与其同源变体。换言之，（a）与（b）体现二者在小句层级的经验建构，即逻辑语义的嵌入关系在小句中转移为经验语义关系。而（c）中，二者体现于词组层级的逻辑语义嵌入关系，黑体部分的语义引力更弱，语义密度更高，画线部分的语义引力更强，语义密度更低。因此（a）与（b）在小句之上呈现语义波的下降移动，而（c）呈现词组层级上的语义波下降移动。如果将事实名词与嵌入事实小句之间的逻辑语义关系在词组与小句层面进行转换，如上述括号中所示，语义波的移动幅度未发生变化，但是语义波的移动方向势必发生改变。尽管如此，仍然可以发现，概念型语义波的波峰或波谷与词组或小句的主位或新信息述位是共现谐振的关系，事实投射也呈现概念型语义波与语篇信息波的谐振效应。

6.6.3 逻辑与经验关系转化

实体建构的关系小句与客观化事实投射都是位于小句层次内的语义波的概念建构资源，其本质是经验意义与逻辑语义在小句内的转换，而在小句之上的语义波谐振效应涉及概念资源的配列关系（taxis）的系统转化，尤其是嵌入关系、级转移关系与依赖关系之间的转化。Halliday & Matthiessen（2014）指出，级转移是单向性的，即自上而下的转移，没有自下而上的转移，因为转移在于高一级单位充当低一级单位的成分，但是低一级单位在高一级单位中却不能进行转移，因为其本身的语法关系仍然处于其自身层级之中，不能实现层级跨越。

“嵌入”最初是转换生成语法的术语（Halliday，1994：188），其指的是同时处理两个相连接的语符列的语法规则。系统功能语言学（Halliday & Matthiessen，2014）认为嵌入是小句或短语在本身为小句成分的词组结构中充当成分的语义发生机制。嵌入小句与非嵌入（outer）小句之间不是直接关系，而是通过词组“中转”的间接关系。嵌入是小句或短语在词组结构中发挥功能的级转移，其不仅包括自上而下的级转移关系，还包括非同一级成分之间的依赖关系，与级转移是近义词。黄国文（1998）从功能句法分析的角度提出将依赖性视为嵌入性更易于操作。何伟（2002）指出，嵌入关系是有层次的：一是词组或短语成分的嵌入，即 Halliday 意义上的嵌入；二是句子成分的嵌入，即 Halliday 所言的小句复合体中的依赖性部分。除了副词词组，英语中的嵌入几乎都是名物化的形式，词组、短语、小句充当或取代名词词组（Halliday & Matthiessen，2014：422），嵌入成分的典型功能就是充当名词词组的后置修饰成分，以及名词词组中心语或副词词组的后置修饰语。

在英语科普语篇中，小句之上的概念型语义波涉及各层级的相互关系的转移，即逻辑语义关系与经验语义关系的转移。相互依赖的逻辑语义关系转化为识别与归属的经验关系；嵌入关系转化为整体与部分、类与成员、上义与下义的语义关系等。各语义转化类型在英语科普语篇中的具体频数如表 6－2 所示：

表 6－2　各层级逻辑语义关系与经验语义关系的转化

	分形层级：词组		分形层级：小句		分形层级：小句复合体		分形层级：语段		分形层级：语篇层	
类别	出现频数	标准频数	出现频数	标准频数	出现频数	标准频数	出现频数	标准频数	出现频数	标准频数
部分一整体	4	0.24	17	1.03	15	0.91	0	0.00	0	0.00
类一成员	15	0.91	22	1.34	29	1.76	0	0.00	0	0.00
事实投射	5	0.30	2	0.12	18	1.09	0	0.00	0	0.00
归属关系	0	0.00	3	0.18	2	0.12	0	0.00	0	0.00
识别关系	0	0.00	10	0.61	25	1.52	0	0.00	0	0.00
嵌入关系	5	0.30	7	0.43	51	3.10	0	0.00	0	0.00
依赖关系	1	0.06	2	0.12	79	4.80	1	0.06	0	0.00
（半）格律	0	0.00	0	0.00	49	2.98	12	0.73	2	0.12
频数合计	$N=30$		$N=63$		$N=268$		$N=13$		$N=2$	

从上表中可以发现，在词组层级上，类与成员关系出现最多，其次为事实投射与嵌入关系，再次为部分与整体关系，而依赖关系最少；在小句层级上，频数分布从高到低依次为类与成员关系、部分与整体关系、识别关系、嵌入关系、归属关系、事实投射与依赖关系；在小句复合体（涵盖语段）层级上，由高到低依次为依赖关系、嵌入关系、（半）格律关系、类与成员关系、识别关系、事实投射、部分与整体关系、归属关系；在语段层级上，格律关系最多，依赖关系最少；语篇层级上只有格律关系。各类型频数从词组到小句复合体呈现随分形层级升高而逐步递增的变化趋势，这表明不同层级的语义波在性状与密度方面涉及不同的语义关系，在词组层级上语义波主要涉及逻辑语义关系，而小句层级上语义波除涉及逻辑语义关系外，还涉及经验语义关系，小句复合体层级上语义波既涉及逻辑语义关系与经验语义关系，还涉及相互依赖关系，而小句复合体、语段与语篇层级的频数不多的原因在于以格律作为语义波的识别依据，其中小句复合体层级大多为半格律关系，即语义波的持续下降移动与语义波的持续上升移动类型，而语段与语篇中的语义波具有“高→低→高”的

移动类型与“低→高→低”的移动类型，即全周期性格律。各类别的具体实例如例 6-9 所示：

例 6-9：

(a) //At perihelion，the point of closet approach to the sun. //（词组层级）(T-54)

(b) //a form of seismic safety valve，a means of turning earthquakes on and off//（词组层级）(T-19)

(c) //a rare kind of Uranium called U-235//（词组层级）(T-22)

(d) //a medical condition called alcoholic dementia.//（词组层级）(T-32)

(e)//There are three main groups of oils：animal，vegetable and mineral.//（小句层级）(T-56)

(f) //Computer viruses are small programs.//（小句层级）(T-70)

(g) //The virus that can steal your money belongs to a kind of the second network virus.//（小句层级）(T-70)

(h) //What it's not is live chat—real-time conversations like those on ham radio or CB.//（小句层级）(T-67)

(i) //One of the curious things is that once in a while the demand for them comes upon the world like an epidemic.//（小句层级）(T-44)

(j) //Smoke is a mixture of gases，vaporized chemicals，minute particles of ash and other solids.//（小句层级）(T-20)

(k) //The timing of the attack can be linked to a number of situations，including a certain time or date，the presence of a particular file，the security privilege level of the user，and the number of times a file is used.//（小句层级）(T-70)

(l) //In short，all living things are developments from these one celled organisms. They have developed step by step through change upon change from these first, simple, living things.//（小句复合体层级）（T－39）

（m）//Polarized light is not a "kind" of light (like ultra-violet) that we can visualize as being a different color from the light that we see; it is rather a pattern of light waves.//（小句复合体）

（n）Hydrocarbons are compounds of hydrogen and carbon which, at normal temperatures and pressures, may be gaseous, liquid or solid according to the complexity of their molecules.//（小句复合体层级）（T－65）

（o）//A very common sedimentary rock is called shale, which is a soft rock and was obviously formed by being deposited on the sea bed.//（小句复合体）（T－56）

（p）//The statement that oil originated in the sea is confirmed by a glance at a map showing the chief oilfields of the world.//（小句复合体）（T－56）

上述实例中，（a）与（b）为的语义波基于依赖关系，（c）与（d）基于嵌入关系，（e）基于整体－部分关系，（f）基于识别关系，（g）基于带有嵌入关系的识别关系，（h）基于带有嵌入关系的依赖关系，（i）也为基于带有嵌入关系的识别关系，（j）基于带有整体－部分关系的识别关系，（k）基于上下义关系，（l）基于依赖关系，（m）基于带有嵌入关系与识别关系的依赖关系，（n）基于嵌入关系、整体－部分关系、识别关系，（o）基于识别关系与依赖关系，（p）基于事实投射关系。因此，在各语义波分形层级上，除了语段与语篇层级的韵律关系之外，词组与小句复合体层级的语义波的语义转化涉及嵌入关系、依赖关系、识别关系、整体－部分关系、类－成员关系、上义－下义关系等逻辑语义和经验语义之间的转化。这些语义关系转化措词都位于不同分形层级的波峰与波谷之间，也位于各信息波的主位与述位结构中，因而其同样呈现出概念型语义波与语篇信息波的谐振效应。

6.6.4　语法隐喻、技术性与语义波

合法化语码理论的语义性原则源于与系统功能语言学的接触，特别是语法

隐喻和技术性两个概念（Maton，2011：65）。“当我们从常识知识向技术知识推进时，语篇的语义密度必然增加”（Halliday，1998a：28），同理，概括化、抽象化、隐喻化的语义发生势必产生语义与语境之间的依赖与脱离的程度差异，因而语义密度与语义引力构成的语义波与语法隐喻的本质是一致的。

在英语科普语篇中，基于语义波的分形层级与语义波的起伏识别，对语法隐喻与技术性实体的不同类型进行频数统计，并进行方差检验，结果如表 6-3 所示：

表 6-3　语法隐喻类型与技术性实体的频数统计

类别	语义波分形层级		语义波起伏识别		方差	显著性
	出现频数	标准频数	出现频数	标准频数		
概念隐喻	242	63.95	184	76.29	3.45	+++
技术性实体	144	38.05	118	48.92	3.06	+++
逻辑隐喻	16	4.23	10	4.15	0.11	
人际隐喻	15	3.96	9	3.73	0.01	
频率合计	N＝417		N＝321			

注：＋为弱显著性（90%），＋＋为中显著性（95%），＋＋＋为强显著性（98%），后同，不再重复。

表 6-4　概念隐喻与技术性实体频数统计

分形层级	概念隐喻		技术性实体	
	出现频数	标准频数	出现频数	标准频数
词	0	0.00	0	0.00
词组	3	0.17	17	0.98
小句	19	1.10	24	1.39
小句复合体	105	6.07	65	3.76
语段	12	0.69	6	0.35
语篇层级	2	0.12	0	0.00
频率合计	N＝141		N＝112	

表 6-5　概念隐喻与技术性实体在语义波起伏识别中的频数分布统计

语义波起伏识别	概念隐喻		技术性实体		方差	显著性
	出现频数	标准频数	出现频数	标准频数		
波峰	62	14.70	73	51.01	3.75	+++
词	0	0.00	11	7.69	0.00	
词组	10	2.37	43	30.05	6.76	+++
小句	30	7.11	18	12.58	0.97	
小句复合体	22	5.22	1	0.70	4.13	+++
语段	0	0.00	0	0.00	0.00	
语篇	0	0.00	0	0.00	0.00	
波谷	73	17.31	32	22.36	3.75	+++
词	0	0.00	0	0.00	0.00	
词组	12	2.84	15	10.48	1.31	
小句	15	3.56	3	2.10	2.43	+++
小句复合体	46	10.91	14	9.78	3.77	+++
语段	0	0.00	0	0.00	0.00	
语篇	0	0.00	0	0.00	0.00	
频数合计	$N=135$		$N=105$			

注：+=弱显著性（90%）；++=中显著性（95%）；+++=强显著性（98%）

可以发现，在语义波分形层级、语义波的起伏识别两方面，概念隐喻与技术性实体存在极度显著差异。二者都随着语义波分形层级的升高而上升，超过小句复合体层级之后而下降。在语义波起伏识别中，概念隐喻与技术性实体在词组、小句复合体层级上的分布呈现强显著差异。这表明，技术性实体倾向于波峰位于词组层级的建构，概念隐喻倾向于波峰为小句复合体层级的建构，而在波谷中，概念隐喻与技术性实体倾向于小句与小句复合体层级的建构。这从一方面进一步印证了词层级没有出现语义波段的原因。语义波段至少在词组层级才会出现，尽管技术性实体可以出现在波峰为词的层级，但是与其构成同一波段的波谷却没有出现词层级的技术性实体或概念隐喻，也就是说，技术性的一项重要功能在于“摒弃语法隐喻，将隐喻性话语晶化为理论性的紧缩实体”(Martin，2011：49)。其次，语法隐喻与技术性实体在波峰为词组和小句复合体的层级与在波谷为小句和小句复合体的层级上存在显著差异，这也进一步印证了概念型语义波的语义幅度差异。请看例 6－10：

例 6－10：

（a）//A very important world problem—in fact，I am inclined to say it is the most important of all the great world problems which face us at the present time—is the rapidly increasing pressure of population on land and on land resources.//（T－61）

（b）//Oil field engineers had also noticed that the injection of water into well sometimes had the effect of arousing small earthquakes.//Now the seismologists examined the evidence. In 1969 instruments were set up in the Rangeley Oil Fields in Colorado. Here，in order to extract the last drop of oil from previously unproductive wells water was being injected at high pressure. As the water was dumped in，seismic activity increased dramatically. Three years later in an experiment water was pumped out of these same wells. And the tremor activity dropped off significantly and then ceased altogether. It was a remarkable discovery.（T－19）

在上述示例中，（a）的波峰为处于词组层级的“the rapidly increasing pressure of population on land and on land resources”，（b）的波峰为处于小句复合体层级的“Oil field engineers had also noticed that the injection of water into well sometimes had the effect of arousing small earthquakes”，由方框底纹部分表示。（a）的波峰为名词化概念隐喻，体现为词汇选择的语义压缩的级转移，由图示转移为成分，而（b）的波峰也为名词化概念隐喻，体现为语义压缩的图示化，由序列转移为图示。（a）的词组成分既是局部的概念型语义波的波峰，也是该分形层级的新信息焦点，而（b）的图示化结构为该层级的概念型语义波的波峰，也是该小句复合体的述位结构部分，同时在概念型语义波中，小句图示结构的主位与述位都是名词化的概念隐喻，因此（a）与（b）都表明由概念隐喻建构的分形层级的语义波与其层级的信息波是谐振的。

6.6.4.1 语法隐喻与语义性原则*

语义引力与语义密度描述了文化语境中各种社会文化符号的语义潜势的实

* 本小节是笔者作为第一作者的论文《论语法隐喻的语义波建构模式》（载于《外语研究》2015 年第 3 期）的一部分。

例化语义特征与所处情景语境的关系，不同的语境语义关系形成不同的语义波。因此语法隐喻以语篇措词在语义、跨语法范畴、性状、级阶上呈现的语义波为判断基准，以语义转移成分的隐喻系统特征在词汇语法转换中呈现的语义密度与语义引力为衡量标尺，语义成分的转移因而摆脱了对形式级阶的依赖。语义密度关乎语篇中的确切范畴在语境中发生转移的语义压缩程度，语义引力关乎语篇中所有的范畴转移成分对语境的依赖程度。也就是说，语义引力能够明确界定语法隐喻发生的一致性，语义密度能够明确界定语法隐喻发生的隐喻性。人际隐喻通过语义引力来判断，概念隐喻通过语义密度来衡量，语法隐喻转移在级阶上得以突出，在范畴上得以隐藏，体现出不同的引力波与密度波。语义波将功能各异的语法隐喻的转移载体统一起来衡量，有利于弥补当前语法隐喻标准的不足。

6.6.4.2 语义引力与语法隐喻

词汇语法以小句来建构经验的图示，语法隐喻的判断不是孤立的转移范畴的局部（local）判断，而是小句层面的整体（holistic）判断。一致式与隐喻式的系统特征体现于小句图示的语义波，体现出语义引力与语义密度的高低强弱特征，而语义引力的强弱体现出语法隐喻发生的潜势，如例 6－11 所示：

例 6－11：

(a) We work in a room which is covered with carpet.

(b) Our room is carpeted.

在例 6－11（a）与（b）中，（a）为序列，（b）为图示，序列范畴位于比图示范畴更高的语义层次，因此（a）比（b）的语义密度低。（a）小句复合体的过程为物质过程，（b）也为物质过程，都为一般现在时，但是（b）中“carpet”为动词，（a）为名词，名词性状比动词性状更能体现时间稳定性（persist in time），在情景语境中实体范畴比过程范畴的语义引力更弱，过程范畴比实体范畴的语义密度更低，因此（a）体现为强语义引力、低语义密度的语义波，（b）体现为弱语义引力、高语义密度的语义波，也就是说（a）的隐喻潜势偏向为一致式，（b）的隐喻潜势偏向为隐喻式，如图 6－1 所示：

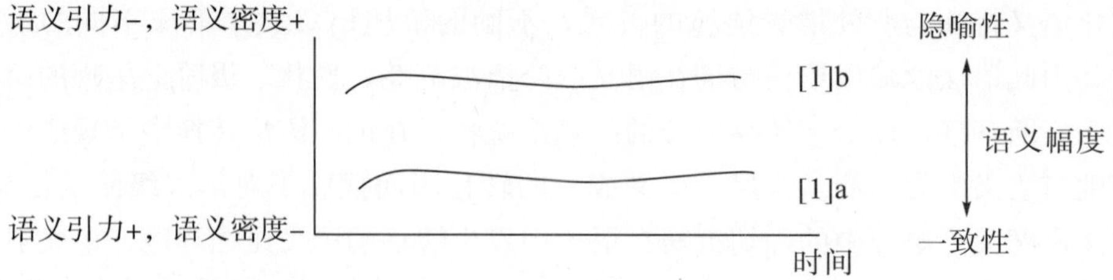

图 6-1　例 6-11（a）与（b）的语义波示意图

在语法语义域中，“It is possible”与“possibly”体现的级阶下移是以人际语义的跨语法范畴为前提的，即隐喻性状从图示范畴到成分的转换。人际隐喻体现为跨范畴的语法语义转移，并不必然涉及语义级阶层面的变化，如情态隐喻与语气隐喻。而语义引力关注词汇语法层的措词表达的一致性。情景语境中，对人际语义表达的一致式的语义变化都能由语义引力的变化体现。人际语义的跨语法范畴的转移首先就体现出语义引力的变化，如命题向提议的转移中，小句命题范畴向成分范畴的措词转移体现出语义引力的减弱；实体性状向情态性状的转移体现出语义引力的增强。“人际隐喻的策略是提升从词组到小句级阶的人际评价”（Halliday & Matthiessen，2014：700），因而人际隐喻的语义引力体现为不断增强的引力波。

6.6.4.3　语义密度与语法隐喻

语义引力定义语法隐喻的潜势与人际隐喻；语义密度体现语义在语境中被压缩的程度，因而一致式向隐喻式转换的过程中，逻辑语义向经验语义的转移在系统特征中的体现可以通过语义密度的高低来呈现：隐喻度越高，语义压缩就越多，语义密度越高；隐喻度越低，语义压缩就越少，语义密度越低。因此语义密度同样也能够界定语法隐喻的潜势、概念隐喻的隐喻度及转移向度。

在小句的系统特征中，语法隐喻的转移，尤其是概念隐喻的转移，在语义层主要体现于逻辑语义向经验语义的转移（Halliday，1999），在词汇语法层主要体现于逻辑语义向及物性语义——如动词性过程语义或名词性参与者语义。因为逻辑语义向经验语义的转换是从抽象语法范畴向具体实义范畴的转换，小句的语义密度必然随着名词语义的增多而升高。在逻辑语义向经验语义的转换过程中，一致式的逻辑语义一般由连词与介词（短语）体现，如例 6-11（a）中的伴随逻辑语义由介词“with”体现；经验语义通常由动词性过程词组与名词性词组体现，如例 6-11 由（a）的“a carpet”向（b）的“carpeted”的转移。但是（a）与（b）的隐喻转移的逻辑语义范畴与及物性的隐喻语义范畴不同，隐喻性语义范畴纳入了“covered with”，因此“covered with a carpet”向“carpeted”的语义转移域从由 3 个词汇语义建构向 1 个词汇语义压缩。概念语义域的语义压缩导致语义密度的增加，因而可以断定“covered with a carpet”与“carpeted”之间存在概念语义转移的隐喻潜势，在级阶上为自上而下的转移。

Halliday 等功能语言学者认为逻辑语义向经验语义的转移都将以事物化（thinginess）为归结点，概念隐喻的转移是自上而下的名词化转移，因为英语的名词结构具有超强的语义可修饰的容纳性与分类功能，但是隐喻转移也有名词动词化的可能，如例 6－12 所示：

例 6－12：

... to baby the car.（朱永生，2006；范文芳，2007）

上例可以认为由“baby”的一致性语义“照顾、抚养”转移为“养护、爱护”的隐喻语义。朱永生（2006）认为这不是语法隐喻，因为“这样的隐喻只发生在两个由名词表示的实体之间，并不涉及语法的变化”。范文芳（2006）认为这是语法隐喻，因为“baby 具有双重语义特征，它既体现过程 treat，又体现环境因素（方式），因此 to baby the car 是语法隐喻式”。对于上例中的隐喻形式是否是语法隐喻，我们认为单凭一个非限定过程是不能进行具体衡量的。作为实体的“baby”转移为体现过程的动词“baby”，其在语法形式上没有发生变化，只是语义性状发生了改变。由实体转化为过程，范畴的语义发生了叠加，但是隐喻范畴没有发生改变，这导致语义引力与语义密度无法在非限定语境中得到衡量。因此作为实体的“baby”与作为过程的“baby”的转移向度，若缺乏具体的语义波限定语境，则是无法比较的，其只能处在限定小句图示的系统特征中来比较，如例 6－13 所示：

例 6－13：

（a）He babies the car.

（b）He treats the car like a baby

可以得出，（a）是隐喻式，（b）是一致式，因为隐喻性过程“babies”的语义是“treats... like a baby”的浓缩，（a）的语义密度更高。也就是说，通过图示化配置，隐喻范畴措词的语义引力与语义密度同时发生了变化，措词的语义密度越高，其隐喻度就越高，反之亦然。因此，再看例 6－11，其（a）向（b）的转移向度是自上而下的隐喻转移。

6.6.4.4 语义波与语法隐喻

语法隐喻的转移是语义范畴的跨越，以语义层向音系层的词汇语法范畴变化为基准，性状的变化仅依赖级转移而不能充分衡量隐喻范畴的转移特征。一致式的语义、范畴、性状、级阶的转移在隐喻小句的系统特征中通过其语义引力和语义密度的变化来体现，由此可以建构语法隐喻的语义波模式。概念隐喻建构为弱语义引力、高语义密度的语义波；人际隐喻建构为强语义引力、低语义密度的语义波，如图 6－2 所示：

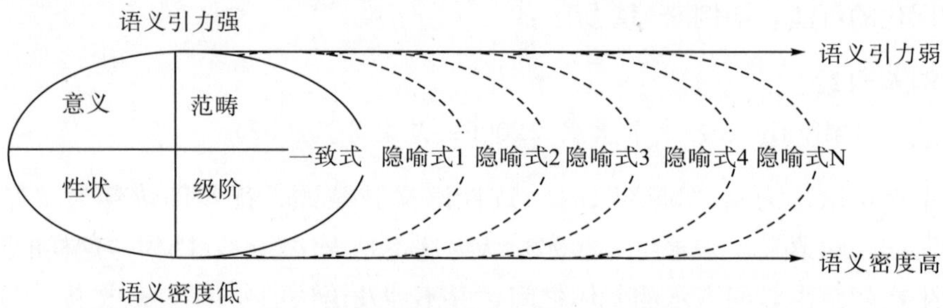

图 6－2　语法隐喻的语义波（罗载兵，蒋宇红，2015）

语法隐喻的一致式的经验语义、人际语义、逻辑语义向隐喻式转移时，语义、范畴、转移性状、级阶移动都在各自默认的引力波与密度波中得以衡量，由（语义引力＋/－，语义密度＋/－）体现（参见 Maton，2013）。请看例 6－14：

例 6－14：

(a) Prolonged exposure will result in rapid deterioration of the item.

(b) If exposure is prolonged then the item will deteriorate rapidly.

(c) If the item is exposed for a long time it will rapidly become spoilt.

(Halliday & Matthiessen，1999：256)

作为修饰语的"prolonged"在（a）中的性状为成分特征，在（b）中转移为过程词组"is prolonged"，性状上体现为小句的过程，在（c）中转移为小句的介词短语，性状上为小句的环境成分。"语义上核心成分识解图示的引力中心，即图示系统组织的焦点"（Halliday，1999：156），"修饰成分→核心过程→环境成分"的变化过程，体现语义引力的变化趋势为"弱语义引力→语义引力增强→强语义引力"，语义密度的变化趋势为"高语义密度→语义密度降低→低语义密度”。作为事物的“exposure”在（a）中为类别化抽象实体(taxonomic entity)，在（b）中为概括化（general）实体，在（c）中转移为小句的非特定实体（oblique)，“类别化实体→概括实体→非特定实体”的变化体现出“强语义引力→语义引力减弱→弱语义引力”“低语义密度→语义密度增高→高语义密度”的变化特征。作为过程词组的“will result in”，在（a）中性状为小句过程，在（b）中转移为逻辑语义的“if... then”，性状为结构衔接，在（c）中转移为“if...”，性状为衔接成分，“过程→结构衔接→衔接成分”的隐喻转移体现“强语义引力→语义引力减弱→弱语义引力”“低语义密度→语义密度增强→高语义密度”的变化特征。作为修饰语的“rapid”在（a）中性状为核心修饰成分，在（b）中为环境成分，在（c）中也为环境成分。作为事物的“deterioration”在（a）中性状为实体，在（b）中为小句过程词组，在（c）中转移为也体现过程的动词词组“become spoilt”，“实体→过程→过程词组”的隐喻转移体现“弱语义引力→语义引力增强→强语义引力”“高语义密度→语义密度降低→低语义密度”的变化特征。因此，小句中各相关成分的隐喻转移的语义波在（a）中引力最弱，密度最高，体现为弱语义引力、高语义密度；在例（b）中引力稍强，密度稍低，体现为语义引力增强、语义密度降低；在（c）中引力最强，密度最低，最贴近一致式，体现为强语义引力、低语义密度。

因此，我们认为语法隐喻的根本属性在于其同源性，而隐喻转移涉及语义、范畴在级阶与性状上的转移，级阶标准未能充分体现功能各异的转移载体的语法转移本质。概念隐喻涉及语义范畴的自上而下的级阶转移，人际隐喻涉及跨语法语义域的性状转移。语义引力界定语法隐喻发生的隐喻潜势及人际隐喻；语义密度界定概念隐喻发生的转移及向度。概念隐喻体现为自上而下的高语义密度/弱语义引力的语义波移动，语义密度为主导；人际隐喻体现为自下而上的低语义密度/强语义引力的语义波移动，语义引力为主导。语法隐喻的语义波整合了功能各异的语法隐喻转移载体，弥补了语法隐喻的级阶形式维度的不足，体现了语法隐喻的系统特征，为探讨语篇隐喻及其体现形式提供了新的研究框架。语法隐喻创造只出现于符号层面的虚拟现象、虚拟实体、虚拟过程，因而成为极其有力的思维抽象工具，为科学知识建构提供了必备的成分。

6.6.4.5　垂直性、语法性与语法隐喻

Halliday (1989) 指出口语与书面语的典型语法组织特征体现在口语语篇的语法复杂性及书面语篇的高词汇密度两方面。Martin（2013）在探讨作为意

义的知识时，将由技术性话语增强语义密度的潜势定义为权力词汇（power words），将识解语法隐喻能量的知识称为权力语法（power grammar）。权力词汇与权力语法充分体现了语法隐喻的语义密度及语义引力建构隐喻化过程的能量特征及其与垂直序列的关系。伯恩斯坦将话语分为平行话语与垂直话语，垂直话语包含平行知识结构与等级式知识结构，并进一步阐释知识结构的垂直性与语法性。在伯恩斯坦看来，话语与知识结构是同一界面的结构组织。垂直性（Muller，2007：26）指“知识结构通过融合入更具有包含性和概括性的命题的发展程度；语法性指语法力量或者知识形式能清晰描述概念句法或生成经验描述的形式塑造的程度，或者概念与经验数据的关系，描述某些知识结构产生明确的经验所指的方式”。“伯恩斯坦认为平面话语与垂直话语的根本差异在于前者在割裂层面将语言与语境捆绑，后者在意义层面的整合产生去语境化”（Muller，2007：67）。Muller 指出，平行话语体现出弱语法性的秩序（ordinal）特征，垂直话语呈现出强语法性的整合（integrative）特征。而“系统功能语言学的语法隐喻理论是研究纵向知识结构的一个重要理论”（张德禄，秦双华，2010：15）。

从功能语言学的视角来看，垂直话语与语法隐喻紧密相关，没有语法隐喻，就没有垂直性（Martin，2007：54）。也就是说，一致式具有弱语法性、低垂直性特征，隐喻式具有强语法性、高垂直性特征。语篇的垂直性越低，语法性越弱，一致式向隐喻式的转移倾向性越强，体现出语篇的去语境化过程；语篇的垂直性越高，语法性越强，隐喻式向一致式的转移倾向性越弱，语境化过程越难以发生。语法隐喻的一致式、隐喻式与话语结构的垂直性、语法性之间的关系可用图 6−3 表示：

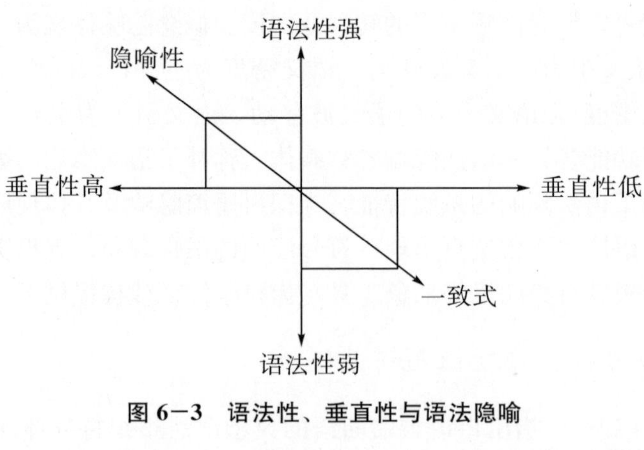

图 6−3　语法性、垂直性与语法隐喻

从上图可知，语义引力强、语义密度低的一致式的弱语法性特征促使其易与其他割裂性（segmental）表达式（一致式）产生语义的平行排列，但由于不具备增高语义密度的权力词汇，一致式与一致式之间难以在词汇语法层面形成语义的垂直整合，即一致式向隐喻式的转移，而仅体现为语义潜势在词汇语法层面的平行秩序，因而往往呈现简单、原始的平行话语特征，形成我们的日常知识。语义引力弱、语义密度高的隐喻式的强语法性限制其难以与其他表达式产生语义并联排列，由于具备高度的权力词汇，隐喻式与隐喻式或一致式之间只能通过相互的语义整合进而完成隐喻化转移过程，呈现出晦涩难懂的垂直性话语特征，形成非常识性的技术性知识。“不能使用语法隐喻就意味着排除在等级式知识和平面知识结构之外”（Martin，2007：54－55）。

6.6.5　权力三角

Martin 指出，权力三角是建构学科知识的语言资源，权力词汇意指调用技术性词项建构（afford）更高语义密度的潜势；权力语法意指识解语法隐喻的层次张力的知识，是定义与解释技术性过程，增高语义密度必需的资源；权力写作即语篇的格律性，在语篇层次上体现主位和述位组织的信息波，高层级主位预示语篇将要如何推进，高层级信息回顾已经推进的信息阶段。在 Martin 看来，语篇的格律性既是篇章发展的语篇策略，也是信息推进的组织方式，还是抽象化与技术化的语篇信息波。而从语义波的视角来看，权力写作将语篇组织成一系列的语义波，语义密度在越高层级的宏观主位与宏观述位中达到顶峰，语段层级的超主位和超新信息将技术性与抽象化降级到语义密度稍低的语篇中，即“修辞三明治”的填充。在英语科普语篇中，权力词汇、权力语法、权力写作出现于不同的语义波分形层级，建构不同语义幅度的语义波，权力写作、权力词汇、权力语法通过不同的谐振方式进行互动。请看以下列表：

表 6－6　权力词汇与权力语法的频数统计

	权力词汇		权力语法		方差	
语义波分形层级	出现频数	标准频数	出现频数	标准频数	T Stat	Signif.
词	0	0.00	0	0.00	0.00	
词组	19	8.72	11	1.82	3.49	＋＋＋
小句	39	17.89	19	3.15	6.08	＋＋＋

续表

	权力词汇		权力语法		方差	
语义波分形层级	出现频数	标准频数	出现频数	标准频数	T Stat	Signif.
小句复合体	42	19.27	155	25.69	7.92	+++
语段	0	0.00	1	0.17	0.00	
语篇层级	0	0.00	0	0.00	0.00	
频数合计	*N*＝100		*N*＝186			

表 6－7　权力词汇与权力写作的频数统计

类别	权力词汇		权力写作		方差	
语义波分形层级	出现频数	标准频数	出现频数	标准频数	T Stat	Signif.
词	0	0.00	0	0.00	0.00	
词组	19	8.72	0	0.00	0.00	
小句	39	17.89	0	0.00	0.00	
小句复合体	42	19.27	49	7.99	4.82	+++
语段	0	0.00	12	1.96	0.00	
语篇层级	0	0.00	2	0.33	0.00	
频数合计	*N*＝100		*N*＝63			

表 6－8　权力语法与权力写作的频数统计

	权力语法		权力写作		方差	
分形层级	出现频数	标准频数	出现频数	标准频数	T Stat	Signif.
词	0	0.00	0	0.00	0.00	
词组	11	1.82	0	0.00	0.00	
小句	19	3.15	0	0.00	0.00	
小句复合体	155	25.69	49	7.99	0.90	
语段	1	0.17	12	1.96	6.12	+++
语篇层级	0	0.00	2	0.33	0.00	
频数合计	*N*＝186		*N*＝63			

在表 6－6 中，权力词汇与权力语法随着分形层级的上升而逐步增多，并且二者在词组、小句、小句复合体三层级上呈现高度显著差异。其中，权力词

汇主要在词组与小句层级上差异显著，而权力语法在小句复合体层级上差异明显。这表明，词组与小句层级的权力词汇常常建构技术性知识，占据所出现层级的波峰位置，与上文中的识别与归属关系、整体与部分、类与成员关系、嵌入关系的呈现趋势是相符合的。也就是说，权力词汇在词组或小句层级既建构语义波的波峰，同时也为所处层级的主位或新信息，体现语义波与信息波的谐振效应。

权力语法在小句复合体层级上呈现显著差异，与表 6－7 中的显著性对比统计一致，这表明权力语法与权力词汇及权力写作不同，没有语法隐喻就不可能产生科学知识（Martin，2013：28）。权力语法是在小句复合体层级上建构语义起伏移动框架，识解语法隐喻的层次张力的主要语言资源，权力词汇建构语义波波峰，而权力语法体现对语义波波谷的运作，即对语义波幅度及移动方向的建构。

在表 6－8 中，权力写作与权力语法在语段层级上呈现显著差异，在语篇层级上权力写作出现 2 次，权力写作将权力词汇、权力语法整合起来形成语义波的发展方式，权力写作建构小句与语篇的谐振效应。权力词汇出现于词组与小句层级，权力语法出现于小句复合体层级，而权力写作出现于语段及语篇层级，从而分别与词组或小句的主位、段落的超主位、语篇的宏观主位、词组或小句的述位、段落的超信息述位、语篇的宏观信息述位形成分形的谐振效应，如图 6－4 所示：

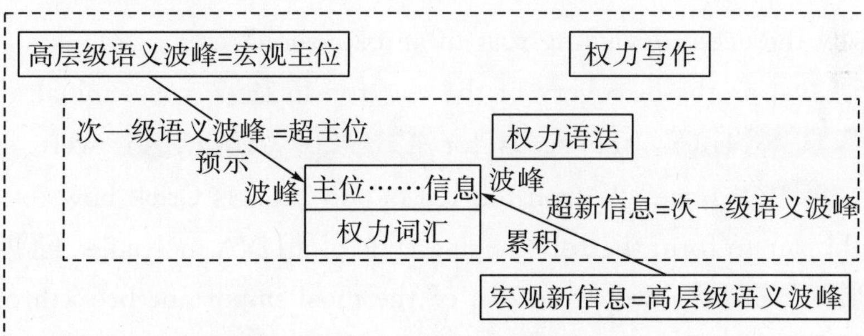

图 6－4　语义波与信息波的分形谐振

Christie & Rothery（1989）指出，主位选择与语篇阐释焦点强化的关系，每一层级主位都表明其涉及抽象性语言，这表明词组层级的分类关系、小句层级的核心关系、小句复合体以上层级的配列关系都依赖周期性进行组织，形成等级更高的抽象波。从格律结构与语篇意义来看，当详述被建构为概括性与具体性的波浪时，语篇就被塑造为重新阐释（Martin，1995a：277）。

6.6.6 时间型语义波与空间型语义波的语法资源

上述语义波的谐振资源主要在于建构英语科普语篇中的概念型语义波与语篇信息波的共现谐振效应，就时间型语义波与空间型语义波而言，二者因本身的语义波载体不同因而有差异。时间型语义波与空间型语义波都基于时间性环境成分与空间性环境成分，随语篇时间的展开而呈现连续性平线移动。在系统功能语言学的及物性系统中，环境成分不是建构经验图示的必备语义角色，而是选择性的，也就是说，环境成分处于图示的边缘，而非图示核心位置。概念型语义波与二者的差别在于语义波的起伏特征。时间型语义波与空间型语义波的非起伏性特征正是由其环境性成分载体处于非核心位置所致。因此，随着语篇时间的展开，时间性环境成分或空间性环境成分在不同的分形层级上呈现非核心位置的连续移动，即向心压缩或离心扩散不能促使不同层级的时空环境成分的核心移动，其要么呈现为连续性的时空成分联结，要么呈现为时空成分的语篇连续性分散，如例 6－15 所示：

例 6－15：

时间型语义波：

(a) 【ON A SULTRY MORNING IN JULY 1945，a blinding flash of light illuminated the flatland of the desert near Alamogordo，New Mexico，followed by the deep，growling roar of an explosion】.（T－22）

(b) 【Just as the discovery of the electron in 1897 was seminal event for THE 20TH CENTURY，the seeds for THE 21ST CENTURY were spawned IN 1953，WHEN James Watson blurted out to Francis Crick how four nuclei acids could pair to form the self-copying code of a DNA molecule. NOW we're just A FEW YEARS away from one of the most important breakthroughs of ALL TIME'S deciphering the human genome】.（T－76）

空间型语义波：

(c) 【On our table in the garden we put a blue card，and ALL AROUND THIS BLUE CARD we put a number of different gray cards. These gray cards are of all possible shades of gray land including white and black. on each card a watch-glass is placed . The watch-glass on the blue card has some syrup in it；all the others are empty.】（T－36） （d）【Lister introduced it into the hospital wards, into the operating room, into his surgical bandages.】（T－60）

例 6－15 中的灰色部分分别表征非核心时空环境成分，（a）与（d）为时空环境成分的联结，（b）与（c）为时空环境成分的连续性语篇分散。在时间型语义波与空间型语义波中，时空环境成分始终处于小句图示的边缘地位，而作为图示的成分，环境成分在原则上是受制于主位、主位谓化、主位识别化的不同语篇地位的。因此，位于小句句首的时空环境成分被视为标记性主位，如（a）与（c），产生与语篇信息波的共现谐振，而非标记性的时空环境成分涉及嵌入关系与依赖关系，在嵌入关系中充当后置修饰语，在依赖关系中涉及级转移，划入述位结构之中，如（b）与（d）。时空环境成分的这种嵌入关系与级转移关系在系统功能语言学中被视为递归关系，因而随着语篇时间的展开，不同递归关系的时空环境成分处于非核心位置，呈现语义波的平线移动。

就语义波的移动特征而言，时间型语义波与空间型语义波之所以呈现语义平线的移动框架，根本原因在于其时空环境成分未涉及名物化语法资源的调用；概念型语义波之所以呈现为起伏性的语义框架，根本原因在于名物化语法资源的使用。只要涉及名物化的语法资源，语义波载体的密度与性状就会发生变化，语义波才可能具有起伏性。请看例 6－16：

例 6－16：

【**The first turn** in the tide came **when** France discovered how to make plate glass. **Previous to this invention**, all flat glass was cut from cylinders or disks of blown glass, **but now** the metal was poured directly from the pot onto an iron table and flattened with an iron roller.】（T－44）

在上例中，黑体部分表征语义波的移动载体。正如前文所示，例 6－16 体现了概念型语义波与时间型语义波的横向谐振效应，同时也体现了概念型语义波的纵向谐振效应，出现此类谐振效应的根本原因在于名物化的语法资源的使用，即“the first turn”为名物化成分，处于小句图示的核心位置，而非边缘性成分。因此，时间性环境成分或空间性环境成分一旦通过名物化的语法资源建构，就将进入概念型语义波的范畴。如前文所述，从图示边缘向图示核心位置的移动体现了语义密度的增高、语义引力的减弱，建构语义波的起伏性。

6.7 小结

本章在元功能谐振的基础上分析了英语科普语篇中出现的语义波谐振效应，指出语义波的横向谐振在于不同性质的语义波即时共现，即概念型语义波与时间型语义波的谐振、概念型语义波与空间型语义波的谐振、时间型语义波与空间型语义波的谐振；语义波的纵向谐振在于概念型语义波的层级性，即波段中的波段。概念型、时间型、空间型语义波都具有与语篇信息波谐振共现的共性特征。

在此基础上，本章进一步探析了建构语义波谐振效应的概念资源，结果发现在英语科普语篇中，关系小句、事实投射、嵌入、级转移、依赖、语法隐喻为建构语义波谐振效应的主要语法资源。建构语义波的关系小句大多属于识别型关系小句，而事实投射大多为客观化类型，二者在不同层级上都涉及嵌入、级转移、依赖等逻辑语义关系。除此之外，语法隐喻也是建构语义波的概念资源，体现为语义密度增高、语义引力减弱的持续移动过程，而语义波整合了功能各异的隐喻转移载体，也可作为判定语法隐喻的参考标准。同时，权力词汇、权力语法、权力写作等也是互动建构不同层级的语义波的语言资源，权力词汇建构小句以下分形层级的波峰，权力语法建构小句复合体分形层级的语义波，而权力写作与权力词汇、权力语法互动建构语篇层级的语义波。最后，本章指出，概念型语义波与时间型语义波、空间型语义波的本质差异在于语义波的起伏性，起伏性的本质特征在于名物化概念资源的调用。时间型语义波与空间型语义波的语义平线特征由其本身语义波载体的时空环境成分导致，不涉及名物化概念资源的使用，而概念型语义波的起伏性正在于概念资源的调用。综上所述，我们可以得出，语言并不是对某一科学知识或既定社会关系的被动反应，而是在主动建构科学知识，调配社会关系，其话语形式并不是中立的。

第 7 章　结　语

本研究既是在系统功能语言学与合法化语码理论的整合框架下对语义波进行的理论整合，同时也是对英语科普语篇的知识普及过程合法化的诠释。合法化语码理论为语义波的语言学研究提供了新的维度，而系统功能语言学的分形谐振理论又为语义波的识解提供了词汇语法资源，因而不同类型的语义波之间的分形与谐振得以识解。系统功能语言学与合法化语码理论的整合增强了二者对于作为社会符号的语言识解不同社会语境与语篇的解释力。

7.1　本研究的主要发现

本研究主要关注语义波的分形谐振属性，从两个维度展开论述。首先审视了语义波的语境、语义、语法三个抽象化等级维度，通过语境与语篇的分形谐振关系将抽象化三维等级系统地整合起来。其次，在英语科普语篇语料分析中，从横向将概念型语义波、时间型语义波、空间型语义波同时纳入概念意义系统考查，以此说明语义波的分形谐振属性。具体结论如下：

第一，语境与语篇是相互预示的分形关系。通过某一语境可以推测可能出现的语篇，而通过某一语篇也可推测其出现的语境，二者的这种预示性分形关系为合法化语码理论与系统功能语言学提供了对语义波在不同抽象化等级得以识解的共享基础。由于语义波的分形载体各异，语义波的动态显性识别需要重新建构具体的识别框架与识别单位。在整合系统功能语言学与合法化语码理论的先前相关研究的基础上，本研究提出了以语义密度为优先出发点的语义波三维分形模型，建构了语义波的 5×5 矩阵识别框架，促进系统功能语言学与合法化语码理论的进一步契合。基于概念意义，本文在英语科普语篇中对概念型语义波、时间型语义波、空间型语义波进行识别与分类，进而分析语义波的分形谐振特征。

第二，在英语科普语篇中，概念型语义波、时间型语义波、空间型语义波的分布呈逐步减少的趋势，原因在于科普知识本身的科普场域与语义波本身的分形途径各异。其次，语义波的分形特点体现了不同类型语义波的语义框架在英语科普语篇中的分布差异，即概念型语义波具有起伏性与连续性两个特征，时间型语义波与空间型语义波仅具有连续性，不具有起伏性，二者一旦体现出起伏性，就将进入概念型语义波的范畴，这与语义波的分布特点及语义幅度是契合的。

第三，不同类型的语义波可出现于不同的分形层级，呈现出不同的语义波移动方向，体现出不同的语义幅度。在本研究的英语科普语篇中，概念型语义波的分形层级呈现小句复合体、小句、词组、语段、语篇依次递减的趋势，小句复合体出现最多，词层级最少。而时间型语义波与空间型语义波都只出现于小句复合体以上层级。其次，就语义波的移动方向而言，概念型语义波呈现出四种移动方向，即（1）上升→下降→上升，（2）下降，（3）上升，（4）下降→上升→下降，而时间型语义波与空间型语义波呈现平线移动。再次，就语义波的语义幅度而言，时间型语义波与空间型语义波不具有起伏性特征，波峰与波谷无法识解，其中时间型语义波仅具有语义引力差异，而空间型语义波仅具有语义密度差异，因而二者仅呈现出分形层级的差异，而不具有语义幅度差异，且时间型语义波的分形层级比空间型语义波的分形层级更高。

与时间型语义波和空间型语义波相比，概念型语义波完全不同。除了其分形层级比前两者更大外，其语义幅度还体现于波峰与波谷之间的差异。概念型语义波的语义幅度在不同层级上至少呈现出 21 种变体。在词组层级上，语义波的语义幅度限于词－词组、词组－词组、词组－小句 3 种变体；在小句层级上，语义波的语义幅度出现了 4 种变体，即词－词组、词组－小句、词－小句、词组－词组；在小句复合体层级上，语义波的语义幅度出现了 8 种变体，分别为词－词组、词－小句、词组－小句、小句－小句复合体、词－小句复合体、词组－小句复合体、词组－词组、小句－小句、小句复合体－小句复合体；在语段层级上，语义波的语义幅度出现了 2 种变体，即小句－小句复合体、小句复合体－小句复合体。在语篇层级上，语义波的语义幅度出现 1 种变体，即小句复合体－语段。

语义波的语义幅度变体随着分形层级的升高而逐渐增多，超过小句复合体层级后又出现逐渐下降的趋势。语义波的语义幅度受制于其出现的分形层级，不可能出现超越其所在分形层级的语义幅度变体。不同语义波的语义幅度在词组层级上的移动幅度较小，主要体现为词组－词组变体；在句复合体层级上语义幅度有所增大，主要体现为小句－小句复合体、词组－小句复合体变体。在不涉及语义波的移动方向的前提下，波峰的建构呈现参与者、图示、序列、环境成分、过程依次递减的趋势，波谷的建构呈现过程、环境成分、图示、参与者、序列依次递增的趋势。语义波的语义幅度是对语场的分类关系、核心关系、序列活动关系的不同程度的体现。

第四，就语义波的谐振而言，不同类型的语义波在小句复合体层级之上呈现出三种情形：语义波的横向谐振，语义波的纵向谐振，语义波与信息波的谐振。语义波的横向谐振具体体现为概念型语义波与时间型语义波的谐振、概念型语义波与空间型语义波的谐振、时间型语义波与空间型语义波的谐振。语义波的纵向谐振体现于概念型语义波的不同层级，即概念型语义波的波段中的波段，而时间型语义波与空间型语义波由于本身不具有起伏性而不具有纵向谐振的特征。就语义波与语篇信息波的谐振而言，时间型语义波出现于小句复合体与语段层级，空间型语义波出现于小句与小句复合体层级，概念型语义波出现于词组、小句、小句复合体、语段、语篇层级。三种类型的语义波与语篇信息波的谐振体现于语义波的载体共享，波峰、波谷与主述结构成分的重叠两方面，从而呈现出不同层级上的语义波与信息波的谐振。

第五，语义波的分形谐振在于不同词汇语法资源的使用。从语义波的载体来看，各语义波类型都是基于不同性状的概念意义；从语义波的移动方向来看，语义波涉及语义平线与语义起伏移动；从语义波的分形语法来看，各语义波涉及级阶移动、范畴跨越、语法选择、词汇选择、离心扩散、向心压缩。而就语义波的谐振效应而言，其语法资源主要涉及及物性系统的关系小句，投射系统的客观化事实投射，联结（taxis）系统的嵌入与级转移及语法隐喻；从语义波的语言资源来看，语义波的谐振效应涉及权力词汇、权力语法、权力写作的使用。

第六，英语科普语篇语义波的分形谐振表明科学知识既是脱离具体语境的知识编码，也是源自具体语境的知识解码，语义波的连续性与起伏性体现了英语科普语篇的告知与劝说这两种社会教育功能，体现了技术性知识与非技术性知识的互动转化过程。

7.2 研究启示

当前，合法化语码理论与系统功能语言学呈现逐步融合的发展趋势，催生跨越二者的超理论。二者的对话传统促使系统功能语言学者以社会学的眼光审视语言学，促使社会学者以语言学的眼光审视社会学，这种“元对话性”促使二者对相同现象的理论范式演变。语义波的三维分形模型基于分形原则，整合了合法化语码理论的语义性原则与系统功能语言学的作为社会符号的语言的功能本质，通过语境可以预测语篇，通过语篇可以预测语境，凸显了语义波的分形谐振实质。本研究一方面将语义波的理论建构在语境、语义、词汇语法三层次的统一体上；另一方面将基于不同载体的语义波统一于概念意义系统之中。由此，语义波的分形谐振为语义波的语言学分析提供了一个语法取向的语篇分析途径，也为知识建构与语言发展的互动搭建了一座桥梁，具有一定的启示。

首先，当前合法化语码理论正在进行语义引力与语义密度的显性识别框架建构，以求将系统功能语言学的作为社会符号的语言理论与伯恩斯坦教育社会学理论完全融为一体，集合二者对不同场域的社会实践的解释力。合法化语码理论认识到伯恩斯坦教育社会学的理论适用的局限性，重视对社会实践的结构化原则的合法化研究，因此主张聚焦于社会实践与语码的教育社会学理论需要客观显性的理论框架，从而加强理论服务于社会实践各个场域的适用性。相比之下，聚焦语境与现实语篇的系统功能语言学理论关注作为社会实践的语言使用，需要深化自身的“元”理论基础，不断深挖并扩展理论。从本研究的三维分形等级框架来看，语境、语义、词汇语法三等级是体现与示例的元冗余关系，识解语境层面的语义波为语义层面提供了切入途径，识解了语义层面的语义波为词汇语法层面提供了切入途径，因此从语境到词汇语法的自上而下模式与从词汇语法向语境的自下而上模式都是基于本身分形模式的考量。词汇语法是意义产生的动力室，意义是作为语义行为的语篇与语境的界面，因而词汇语法为不同分形层级提供了客观化显性的能量源泉。

其次，知识与语言是体现的关系，意义也是二者的界面。合法化语码理论将知识视为已结构化的结构中的结构，而系统功能语言学认为知识本身就是意义，通过语言体现，因而知识建构在于意义表征。合法化语码理论的社会现实主义取向强调学习者的知识结构与知者结构的辩证互补，即任何知识结构都对应于一种知者结构。从语义波的语义性原则来看，常识性知识与非常识性知识之间的转化在于语义波的分形过程。知识鸿沟需要语义波的分形演绎才能跨越，而这一跨越过程既与社会现实的知识结构相关，也与置身于其中的学习者的知者结构相关。如何选择适切的合法化语义切入点，如何进行知识建构的合法化语义编织，如何达到知识的累积性建构终点，都体现了对作为意义的知识与具体语境的内部语言和外部语言之间的互动关系的识解。

再次，系统功能语言学强调语境与语篇的相互预示关系，认为通过语篇可知其所在语境，通过语境可知其所现语篇。语境与语篇的内在预示功能在于语法，语法是意义发生的动力室（powerhouse），是内在固有的能量。从语境切入，其由语场、语旨、语式构成；从语篇切入，其为概念意义、人际意义、语篇意义的共现。功能将语境与语篇连接起来，体现出语义与语法的自然关系，实现了语义波的语境与语篇的整合。语义波的分形谐振一方面体现了语境对其中可能出现语篇的决定作用，另一方面体现了所出现语篇对语境的实例化。其次，合法化语码理论的语义引力是对抽象化程度的描述，语义密度是对复杂化程度的描述，依据三维分形模式可以推论：语境依赖的任何负载都对应于本身体现的意义压缩的某一等级。换句话说，选择从语境依赖出发，依据语境体现的词汇语法特征识解语境依赖的程度，与选择从语义密度出发，依据意义的词汇语法结构识解意义压缩的程度，二者在本质上是一致的。这意味着系统功能语言学的三股意义都可作为语义引力与语义密度的描述基点，即 Maton 所言的基于人际意义的价值性语义波，基于概念意义的认识性语义波。但令人疑惑的是，合法化语码理论中是否也应该存在与语篇意义相对应的某种形式的语义波或语义编织，如当前的系统功能语言学中的基于周期性的信息波，这是值得进一步思考与验证的问题。

最后，科普实质上是教育的次范畴，其受制于科普对象的语旨范围而呈现不同的社会教育功能。科普语篇的功能在于其自身的告知性与劝说性这样的社会教育属性，在于科学知识的大众化普及，促成科学话语的意识形态得到认同，以此维护科学话语本身的合理秩序。科普语篇中的语义波建构了合法化交际的知识科普过程，将科普语篇的劝说性与告知性在知识建构的过程中体现出来。从本研究的语义波分布类型来看，英语科普语篇中充斥着大量的起伏性语义波段，但是总体说来其所占比例仍然较少，或许这与本研究的语料不够丰富相关，也或许与科普的主题有关，但是不排除从某种程度上说科普语篇与非科普日常语篇的区别较小的原因，也就是说或许归咎于科普语域的语旨。一方面，科普语篇与科技语篇在语场、语旨、语式等语域方面存在较大差异，另一方面，科普教育与学科教育不同，学科教育更强调科学知识的告知性，而科普语篇更注重告知性与劝说性的结合。因此，科普语篇的语义波动过程体现了知识结构化的弱知识关系、强社会关系的偏好。更深层次的问题在于是什么样的科普知识体现了语义波动的过程，这将涉及合法化语码理论的专门化原则与语义性原则的共同运用，从而印证知识语码、知者语码等“语码概念与合法性交际或非合法性交际是分不开的”（Bernstein，1990：14）这一观点。

7.3 研究局限与展望

7.3.1 研究局限

尽管本研究力图从语境、语义、词汇语法三分形等级上将概念型语义波、时间型语义波、空间型语义波纳入概念意义的整合框架之下，但是受时间、篇幅、技术手段和笔者水平所限，本研究仍有诸多不足之处。

第一，本研究所收集语料源自仅面向国内大学生群体的英语科普知识语篇，总共考察了其中的78篇，从语旨的角度来看，语料的普遍性与典型性不够，语料的样本数量还不够多。对三种语义波类型的定量分析中，出于语料标准统一的考量，因语料涉及的科普场域有限，时间型语义波与空间型语义波的定量数据还有待扩充。另外，本研究对语义波的类型考察仅限于合法化语码理论的认识性语义波，受切分价值性语义波段的技术所限，仍未脱离价值性语义波研究匮乏的困境。再次，对语境与语义的判断必然具有一定的主观性，各语义波段的切分与分析尽管遵循自上而下、整体到部分的操作模式，但也难免有偏颇。

第二，Halliday与Martin等人的语境模型并未充分体现伯恩斯坦的语码理论视角的语境观（Hasan，1999a），因而语义波的语境、语义、词汇语法分析模型理论上还未充分体现不同类型语义波的分形谐振全貌。合法化语码理论的语义波只是一种知识结构化过程的语义框架，没有规定在语境的何种层次上识解语义引力与语义密度，因而缺少显性客观的语义波识别框架。Coffin的时间性识读途径尽管体现了对周期性与连续性这样的时间属性的考察，但是过程式的时间性如何促成其自身的起伏性特征还需要再深入研究，这将对判断时间型语义波是否具有非周期性起伏产生一定影响。而系统功能语言学的语义波改造虽力图实现合法化语码理论与系统功能语言学的充分融合，但元功能层面的改造还未促成语义波概念与系统功能语言学的完全契合。尽管本研究从语义波的分形视角建构语义波的词汇语法，有助于解决这一问题，但由于旨在在语义系统的序列内环境以及超序列中对英语科普语篇的语义波分形谐振进行探讨，所以符际环境还未得到探讨。最后，正如 Marugolio et al.（2013）所言，合法化语码理论与系统功能语言学之间没有一一对应的概念，因此体现语义波起伏移动的语言资源太多，难以穷尽，其根本原因正是语义波的分形本身的内涵。

7.3.2 研究展望

新伯恩斯坦学者 Karl Maton 创建的合法化语码理论在继承、吸收伯恩斯坦与布迪厄等人的社会学理论的基础上，以社会现实主义为基本取向，力图建构社会实践的宇宙学。以 Halliday 为代表的系统功能语言学聚焦具体语篇的社会语义，力图建构塑造社会人（social man）的社会符号学。二者在相互对话中呈现逐步融合的趋势。在合法化语码理论与系统功能语言学的整合趋势下，针对本研究的不足，未来的语义波研究可以从四个方面进行。（1）在语境层面进一步区分不同层级的语境分形组织。在宏观层面，伯恩斯坦指出了规约性语境、告知性语境、人际语境、想象性语境的分类，而 Hasan 提出了物质情形（MSS）、事实语境（actual context）、虚拟语境（virtual context）等概念。不同的语境层次可以作为未来语义波研究的出发点与参照点，同时结合 Cloran 的修辞单位（Rhetoric Unit）概念，在语境层面从系统功能语言学的语式出发，进一步明晰对语义引力和语义密度的语义波分形研究，以此说明语境依赖的语言与语境独立的语言的根本特征。（2）着眼于语义层面，在语旨本身范围内，探索价值性语义波与系统功能语言学的人际意义之间的关系，如评价重力的概念（李战子，胡明霞，2016），通过对社会实践语旨的切入，弥补当前语义波研究的语旨方面对社会实践的话语合法性研究的不足。（3）在词汇语法层面，通过扩大语料规模，超越语义波分形的序列内环境，基于语境与语篇的相互预示关系探索超序列环境或符际环境等社会语境下话语实践的专门性与语义性，可进一步揭示话语实践与知识建构的教育性与合法性。（4）合法化语码理论的语义性原则与系统功能语言学的语法隐喻理论具有紧密的互动关系，语义波与语法隐喻都具有第二阶的内涵，将二者结合起来研究科学语言可显著地增强对科学语言的解释力。诚如 Martin（2011）所言，系统功能语言学与伯恩斯坦教育社会学的对话传统体现了“双语”特征，但是二者还未形成位于社会现实主义和系统功能语言学之上的中介语或超理论，这将是未来研究的发展方向。

参考文献

Adam, B. (1995). *Timewatch: The social analysis of time*. Cambridge: Polity Press.

Bartlett, T. (2014). *Analysing power in language: A practical guide*. London & NewYork: Routledge.

Bazerman, C. (1988). *Shaping written knowledge: The genre and activity of the experimental article in science*. Wisconsin: The University of Wisconsin Press.

Bernstein, B. (1973). *Class, codes and control: Applied studies towards a sociology of language*. London: Routledge.

Bernstein, B. (1990). *Class, codes and control: The structuring of pedagogic discourse*. London: Routledge.

Bernstein, B. (1996). *Pedagogy, symbolic control and identity*. London: Taylor & Francis.

Bernstein, B. (2000). *Pedagogy, symbolic control, and identity* (Revised edition). New York & Oxford: Rowman & Littlefield Publishers.

Berry, M. (1996). What is Theme? —a(nother) personal view. In M. Berry, C. Butler, Fawcett, R. P. & G.-W., Huang (Eds.), *Meaning and form: Systemic functional interpretations* (pp. 1—64). Norwood, N. J.: Ablex Publishing Corporation.

Blackie, M. A. L. (2014). Creating semantic waves: Using Legitimation Code Theory as a tool to aid the teaching of chemistry. *Chemistry Education Research and Practice*, 15, 462—469.

Bolinger, D. (1952). Linear Modification. *PMLA*, 67 (7), 1117—1144.

Brand, C. (2008). *Lexical processes in scientific discourse popularisation: A corpus-linguistic study of the SARS coverage*. Frankfurt & Main: Peter

Lang.

Bruner, J. (1970). *Poverty and childhood*. Detroit: Merril-Palmer.

Butler, C. S. (2003). *Structure and function: A guide to three major structural-functional theories. Part 2: From clause to discourse and beyond*. Amsterdam & Philadelphia: John Benjamins.

Calsamiglia, H. & Van Dijk, T. A. (2004). Popularization discourse and knowledge about the genome. *Discourse & Society*, 15 (4), 369−389.

Carli, A., & Calaresu, E. (2007). Language and science. In M. Hellinger & A. Pauwels (Eds.), *Handbook of language and communication: Diversity and works change* (pp. 523−551). Berlin & New York: Mouton de Gruyter.

Christie, F. & Rothery, J. (1989). Exploring the written mode and the range of factual genres. In F. Christie (Ed.), *Writing in schools* (pp. 49−90). Victoria: Deakin University Press.

Clarence, S. (2014, July). Surfing the waves of learning? Exploring the possibility of enabling greater cumulative knowledge building through pedagogy using Semantics. Paper presented at HECU7, Lancaster, UK.

Cloran, C. (1994). *Rhetorical unit and decontextualisation: An enquiry into some relations of context, meaning and grammar*. Nottingham: School of English Studies, Nottingham University.

Cloran, C. (1995). Defining and relating text segments: Subject and theme in discourse. In R. Hasan, & P. H. Fries (Eds.), *On subject and theme: A discourse functional perspective* (pp. 361 − 404). Amsterdam & Philadelphia: John Benjamins.

Cloran, C. (1999). Contexts for learning. In F. Christie (Ed.), *Pedagogy and the shaping of consciousness: Linguistic and social processes* (pp. 31−65). London: Cassell.

Cloran, C. (2010). Rhetorical unit analysis and Bakhtin's chronotype. *Functions of Language*, 17 (1), 29−70.

Coffin, C. (1996). *Exploring literacy in school history*. Erskineville, NSW, Australia: Metropolitan East Disadvantaged Schools Program, NSW Dept. of School Education.

Coffin, C. (1997). Constructing and giving value to the past: An investigation into secondary school history. In F. Christie & J. R. Martin (Eds.). *Genre and institutions: Social processes in the workplace and school* (pp. 196—230). London: Cassel.

Coffin, C. (2006). Reconstruing "personal time" as "collective time": learning the discourse of history. In R. Whittaker, M. O'Donnell & A. McCabe (Eds.), *Language and literacy* (pp. 207 — 230). London: Continuum.

Constantinou, M. (2014). Conceptual metaphors of anger in popularized scientific texts. *Linguistic Approaches to Emotions in Context*, 241, 159.

Crismore, A. & Farnsworth, R. (1990). Metadiscourse in popular and professional science discourse. In W. Nash (Ed.), *The writing scholar: Studies in academic discourse* (pp. 118—136). Newbury Park, CA: Sage.

Danes, F. (1974). Functional sentence perspective and the organization of the text. In F. Daneš (Ed.), *Papers on functional sentence perspective* (pp. 106—128). Prague: Academia.

D'Anglejan, A. & Masny, D. (1987). Determinants socioculturels del'apprentissage du discours decontextualise en milieu scolaire: vers un cadre theorique integre, *Revue Quebecoise de Linguistique*, 16 (2), 145—62.

Davidse, K. (1992). A semiotic approach to relational clauses. *Occasional papers in systemic linguistics*, 6, 99—131.

Davidse, K. (1996). Turninggrammar on itself: Identifying clauses in linguistic discourse. In M. Berry, C. Butler, R. P. Fawcett & G. -W. Huang (Eds.), *Meaning and form: Systemic functional interpretations* (pp. 367—396). Norwood, N. J.: Ablex.

Donaldson, M. (1987). The origins of inference. In J. Bruner & H. Haste (Eds.), *Making sense: The child's construction of the world* (pp. 97—107). London: Methuen.

Dong, A., Maton, K. & Carvalho, L. (2015). The structuring of design knowledge. In P. Rodgers & J. Yee (Eds.), *Routledge companion to design research* (pp. 38—49). London: Routledge

Durant, J., Evans, G., & Thomas, G. (1992). Public understanding of science in Britain: The role of medicine in the popular representation of science. *Public understanding of science*, 1 (2), 161-182.

Eggins, S., Wignell, P. & Martin, J. R. (1993). The discourse of history: Distancing the recoverable past. In M. Ghadessy (Ed.), *Register analysis: Theory and practice* (pp. 75 - 109). London & New York: Pinter Publishers.

Eggins, S. (2004). *Introduction to systemic functional linguistics (2nd edition)*. New York & London: Continuum.

Elorza, I. (2011, July). The encoding of authorial voice in science popularizations in the press: A corpus-based cross-cultural study. Paper presented at 12th International Pragmatics Conference. Manchester.

Fahnestock, J. (1986). Accommodating science: The rhetorical life of scientific facts. *Written communication*, 3 (3), 275-296.

Fairclough, N. (1992). *Discourse and social change*. Cambridge: Polity Press.

Fawcett, R. P. (2007). The many types of theme in English: Their semantic systems and their functional syntax. Retrieved Dec. 15, 2015, from http://www.isfla.org/Systemics/Print/Papers/Fawcett-ThemePaperv3.pdf.

Firbas, J. (1971). On the concept of communicative dynamism in the theory of functional sentence perspective. *Brno Studies in English*, 7, 12-47.

Firbas, J. (1987). On some basic issues of the theory of functional sentence perspective. *Brno studies in English*, 17, 51-59.

Firbas, J. (1992). *Functional sentence perspective in written and spoken communication*. Cambridge: Cambridge University Press.

Fries, P. H. (1981). On the status of theme in English: Arguments from discourse. *Forum linguisticum*, 6 (1), 1-38.

Fries, P. H. (1994). On theme, rheme and discourse goals. In M. Coulthard (Ed.), *Advances in written text analysis* (pp. 229 - 249). London: Routledge.

Fries, P. H. (1995). Themes, methods of development, and texts. In R. Hasan & P. H. Fries (Eds.), *On subject and theme: A discourse functional perspective* (pp. 317-360). Amsterdam & Philadelphia: John Benjamins Publishing.

Fuller, G. (1998). Cultivating science: Negotiating discourse in the popular texts of Stephen Jay Gould. In J. R. Martin & R. Veel (Eds.), *Reading science: Critical and functional perspectives on discourses of science* (pp. 35—62). London & New York: Routledge.

Georgiou, H., Maton, K., & Sharma, M. (2014). Recovering knowledge for science education research: Exploring the "Icarus Effect" in student work. *Canadian journal of science, mathematics and technology education*, 14 (3), 252 - 268.

Giannoni, D. S. (2008). Popularizing features in English journal editorials. *English for specific purposes*, 27 (2), 212—232.

Gallardo, S. (2005). Pragmatic support of medical recommendations in popularized texts. *Journal of pragmatics*, 37 (6), 813—835.

Gotti, M. (2014). Reformulation and recontextualization in popularization discourse. *Iberica*, 27, 15—34.

Hall, S. (1980). Encoding/decoding. In S. Hall, H. Dorothy, L. Andrew, & W. Paul (Eds.), *Culture, media, language: Working papers in cultural studies* (pp. 128—138). London: Unwin Hyman & Routledge.

Halliday, M. A. K. (1961). Categories of the theory of grammar. In J. J. Webster (Ed.), *Collected works of M. A. K. Halliday, Vol. 1: On grammar* (pp. 37—94). London & New York: Continuum.

Halliday, M. A. K. (1975a). Language as social semiotic: Towards a general sociolinguistic theory. In J. J. Webster (Ed.), *Collected works of M. A. K. Halliday, Vol. 10: Language and society* (pp. 169 — 202). London & New York: Continuum.

Halliday, M. A. K. (1975b). Sociological aspects of semantic change. In J. J. Webster (Ed.), *Collected works of M. A. K. Halliday, Vol.* 10: *Language and society* (pp. 131—168). London & New York: Continuum.

Halliday, M. A. K. (1978). *Language as social semiotic: The social interpretation of language and meaning*. London : Edward Arnold.

Halliday, M. A. K. (1982). The de-automatization of grammar: from Priestle's "An inspector calls". In M. J. Anderson (Ed.), *Language form and linguistic variation: Papers dedicated to Angus McIntosh* (pp. 129—159). Amsterdam & Philadelphia: John Benjamins.

Halliday, M. A. K. (1985). *An introduction to functional grammar (1st edition)*. London: Edward Arnold.

Halliday, M. A. K. (1988). On the language of physical science. In J. J. Webster (Ed.), *Collected works of M. A. K. Halliday, Vol. 5: Language of science* (pp. 140—158). London & New York: Continnum.

Halliday, M. A. K. (1989). *Spoken and written language*. Oxford: Oxford University Press.

Halliday, M. A. K. (1994). *An introduction to functional grammar (2nd edition.)*. London: Edward Arnold.

Halliday, M. A. K. (1998a). Language and knowledge: The unpacking of text. In J. J. Webster (Ed.), *Collected works of M. A. K. Halliday, Vol. 5: Language of science* (pp. 24—48). Beijing: Peking University Press.

Halliday, M. A. K. (1998b). Things and relations: Regrammaticizing experience as technical knowledge. In J. R. Martin & R. Veel (Eds.), *Reading science: Critical and functional perspectives on discourses of science* (pp. 185—236). London: Routledge.

Halliday, M. A. K. (1999). The grammatical construction of scientific knowledge: The framing of the English clause. In J. J. Webster (Ed.), *Collected works of M. A. K. Halliday, Vol. 5: Language of science* (pp. 102—134). London and New York: Continuum.

Halliday, M. A. K. & Matthiessen, C. M. I. M. (2004). *An introduction to functional grammar (3rd edition)*. London: Edward Arnold.

Halliday, M. A. K. & Matthiessen, C. M. I. M. (2014). *An introduction to functional grammar (4th edition)*. London: Edward Arnold.

Halliday, M. A. K. & Martin, J. R. (1993). *Writing science, literacy and discursive power*. London: Falmer Press.

Halliday, M. A. K. & Hasan, R. (1989). *Language, context and text: Aspects of language in a social-semiotic perspective*. Geelong: Deakin University Press.

Halliday, M. A. K. (2016). Languages, education and science: Future Needs. In J. J. Webster (Ed.), *Aspects of language and learning* (pp. 131—149). New York & London: Springer.

Hao, J. (2011, September). Investigating development of "semantic waves" in undergraduate biology. Paper presented at ASFLA Annual Conference, University of New England, Armidale.

Hao, J. (2015). *Construing biology: An ideational perspective* (Unpublished Doctoral dissertation). Sydney: University of Sydney.

Hasan, R. (1973). Code, register and social dialect. In B. Bernstein (Ed.), *Class, codes and control: Applied studies towards a sociology of language* (pp. 224–254). London & New York: Routledge.

Hasan, R. (1985). The texture of a text. In M. A. K. Halliday & R. Hasan (Eds.), *Language, context, and text: Aspects of language in a social-semiotic perspective* (pp. 52–69). Deakin: Deakin University Press.

Hasan, R. (1991). Questions as a mode of learning in everyday talk. In J. J. Webster (Ed.), *Semantic variation: Meaning in society and in sociolinguistics* (pp. 231–268). London & Oakville: Equinox.

Hasan, R. (1993). Contexts for meaning. In J. J. Webster (Ed.), *Semantic variation: Meaning in society and in sociolinguistics* (pp. 355–379). London & Oakville: Equinox.

Hasan, R. (1995). The concept of context in text. In P. H. Fries & M. Gregory (Eds.), Discourse in society: Systemic functional perspective (pp. 183–283). Connecticutt & London: Ablex Publishing Corporation.

Hasan, R. (1999a). Society, language and the mind: The meta-dialogism of Basil Bernstein's theory. In F. Christie (Ed.), *Pedagogy and the shaping of consciousness: Linguistic and social processes* (pp. 10–30). London: Continuum.

Hasan, R. (1999b). Speaking with reference to context. In M. Ghadessy (Ed.), *Text and context in functional linguistics: Systemic perspective* (pp. 219–328). Amsterdam & Philadelphia: John Benjamins.

Hasan, R. (2001). The ontogenesis of decontextualised language: some achievements of classification and framing. In J. J. Webster (Ed.), *Semantic variation: Meaning in society and in sociolinguistics* (pp. 403–427). London & Oakville: Equinox.

Hasan, R. (2009). The place of context in a systemic functional model. In M. A. K. Halliday & J. J. Webster (Eds.), *Continuum companion to systemic functional linguistics* (pp. 166—189). London & New York: Continuum.

Hasan, R. (2014). Towards a paradigmatic description of context: Systems, metafunctions, and semantics. *Functional linguistics*, 1 (9), 1—54.

Hasan, R. & Fries, P. H. (1995). *On subject and theme: A discourse functional perspective*. Amsterdam & Philadelphia: John Benjamins.

Hawkins, P. R. (1973). Social class, the nominal group and reference. In B. Bernstein (Ed.), *Class, codes and control: Applied studies towards a sociology of language* (pp. 74—83). London & New York: Routledge.

Hilgartner, S. (1990). The dominant view of popularization: Conceptual problems, political uses. *Social studies of science*, 20 (3), 519—539.

Hjelmslev, L. (1961). *Prolegomena to a theory of language*. Madison: University of Wisconsin Press.

Humphrey, S. & Hao, J. (2013). Deconstructing written genres in undergraduate Biology. *Linguistics and the human sciences*, 7 (1—3), 29—53.

Humphrey, S., Martin, J. R., Dreyfus, S. & Mahboob, A. (2010). A 3×3 toolkit for academic writing. In A. Mahboob & N. Knight (Eds.), *Directions in appliable linguistics* (pp. 185—200). London: Continuum.

Humphrey, S. & Robinson, S. (2012a). Using a 4×4 framework for whole school literacy development. In K. Knox (Ed.), *To boldly proceed: Papers from the 39th International Systemic Functional Congress*. Sydney: ISFC.

Humphrey, S. & Robinson, S. (2012b). Resourcing teachers to tide the semantic wave to whole school literacy development. Australian Association for Research in Education Annual Conference, University of Sydney. Retrieved Dec. 16, 2016 from http://www.legitimationcodetheory.com/pdf/2012Humphrey%26Robinson_AARE_paper.pdf.

Hyland, K. (2009). *Academic discourse*. London: Continuum.

Hyland, K. (2010). Constructing proximity: Relating to readers in popular and professional science. *Journal of English for academic purposes*, 9 (2), 116—127.

Iedema, R. (1995). *Literacy of administration (Write it right literacy in industry research project—Stage* 3). Sydney: Metropolitan East Disadvantaged Schools

Program.

Irwin, A. & Wynne, B. (1996). *Misunderstanding science*. Cambridge: Cambridge University Press.

Kim, C. K. & Thompson, G. (2010). Obligation and reader involvement in English and Korean science popularizations: A corpus-based cross-cultural text analysis. *Text & talk*, 30 (1), 53—73.

Lemke, J. (1984). *Semiotics and education*. Toronto: Victoria College/Toronto Semiotic Circle Monographs.

Lewenstein, B. V. (1992). *When science meets the public*. Washington: American Association for the Advancement of Science.

Lewenstein, B. V. (1995). From fax to facts: Communication in the cold fusion saga. *Social studies of science*, 25 (3), 403—436

Lomas, T. (1993). *Teaching and assessing historical understanding*. London: Historical Association.

López Orellana, M. (2012). Popularising scientific discourse. *Quaderns de Filologia. Estudis linguistics*, *XVII*, 83—96.

Louw, B. (1993). Irony in the text or insincerity in the writer? The diagnostic potential of semantic prosodies. In M. Baker, G. Francis & E. Tognini-Bonelli (Eds.), *Text and technology: In honour of John Sinclair* (pp. 157—176). Amsterdam & Philadelphia: John Benjamins.

Macnaught, L., Maton, K., Martin, J. R. & Matruglio, E. (2013). Jointly constructing semantic waves: Implications for teacher training. *Linguistics and education*, 24 (1), 50—63.

Malinowski, B. (1923). The problem of meaning in primitive languages. In J. Maybin (Ed.), *Language and literacy in social practice: A reader* (pp. 1—10). Philadelphia: Multilingual Matters LTD.

Mathesius, V. (1975). *A functional analysis of present-day English on a general linguistic basis*. The Hague/Prague: Mouton/Academia.

Martin, J. L. (2012a). On notes and knowers: The representation, evaluation and legitimation of jazz (Unpublished doctoral dissertation). University of Adelaide, Australia.

Martin, J. L. (2012b). Instantiation, realisation and multimodal musical semantic waves. In K. Knox (Ed.), *To boldly proceed: Papers from the*

39th International systemic functional congress (pp. 183－188). Sydney, Australia: International Systemic Functional Congress.

Martin, J. R. (1984). Language, register and genre. In C. Coffin, T. Lillis & K. O. Halloran (Eds.), *Applied linguistics methods: A reader* (pp. 12－32). London: Routledge.

Martin, J. R. (1992). Theme, method of development and existentiality: The price of reply. *Occasional papers in systemic linguistics*, 6, 147－184.

Martin, J. R. (1993a). Technicality and abstraction: Language for the creation of specialised Texts. In M. A. K. Halliday & J. R. Martin (Eds.), *Writing science: Literacy and discursive power* (pp. 203 - 220). London: The Falmer Press.

Martin, J. R. (1993b). Literacy in science: Learning to handle text as technology. In M. A. K. Halliday & J. R. Martin (Eds.), *Writing science: Literacy and discursive power* (pp. 166－202). London: The Falmer Press.

Martin, J. R. (1995a). Text and clause: Fractal resonance. In Wang, Z.-H. (Ed.), *SFL theory* (pp. 264－300). Shanghai: Shanghai Jiaotong University Press.

Martin, J. R. (1995b). Logical meaning, interdependency and the linking particle (*-ng/na*) in Tagalog. *Functions of language*, 2 (2), 189－228.

Martin, J. R. (2002). Writing history: Construing time and value in discourses of the past. In M. J. Schleppegrell & M. C. Colombi (Eds.), *Developing advanced literacy in first and second languages: Meaning with power* (pp. 87－118). New Jersey &London: Routledge.

Martin, J. R. & Rose, D. (2003). *Working with discourse: Meaning beyond the clause*. London: Continuum.

Martin, J. R. & Rose, D. (2007). *Working with discourse: Meaning beyond the Clause* (*2nd edition.*). London: Continuum.

Martin, J. R. (2007). Construing knowledge: A functional linguistic perspective. In F. Christie & J. R. Martin (Eds.), *Language, knowledge and pedagogy: Functional linguistic and sociological perspectives* (pp. 34－64). London: Continuum.

Martin, J. R. (2011). Bridging troubled waters: Interdisciplinarity and what makes it stick. In F. Christie & K. Maton (Eds.), *Disciplinarity: Functional linguistic and sociological perspectives* (pp. 35—61). London & New York: Continuum.

Martin, J. R. (2013). Embedded literacy: Knowledge as meaning. *Linguistics and education*, 24 (1), 23—37.

Martin, J. R. (2014, April). Revisiting field: Specialised knowledge in secondary school science and humanities discourse. Paper presented at 41st International Systemic Functional Congress and Latin-American Systemic Functional Congress, Mendoza, Argentina.

Martin, J. R. & Maton, K. (2017). Systemic functional linguistics and legitimation code theory on education: Rethinking field and knowledge structure. *Onomázein*.

Martin, J. R. & Matthiessen, C. M. I. M. (1990). Systemic topology and typology. In Wang, Z.-H. (Ed.), *SFL theory* (pp. 167—215). Shanghai: Shanghai Jiaotong University Press.

Martin, J. R. & Matruglio, E. (2013). Revisiting mode: Context in/dependency in Ancient History classroom discourse. In G.-W. Huang, D.-L. Zhang & X.-Z. Yang (Eds.), *Studies in functional linguistics and discourse analysis* (pp. 72—79). Beijing: Higher Education Press.

Maton, K. & Doran, Y. J. (2017a) Semantic density: A translation device for revealing complexity of knowledge practices in discourse. *Onomázein*.

Maton, K. & Doran, Y. J. (2017b) Condensation: A translation device for revealing complexity of knowledge practices in discourse. *Onomázein*.

Maton, K. & Doran, Y. J. (2017c). SFL and code theory. Retrieved Jan. 16, 2017, from https://www.researchgate.net/publication/274458292_SFL_and_code_theory.

Maton, K., Hood, S. & Shay, S. (2016). *Knowledge-building educational studies in Legitimation Code Theory*. London & New York: Routledge.

Maton, K. (2007). Knowledge-knower structures in intellectual and educational fields. In F. Christie & J. R. Martin (Eds.), *Language, knowledge and pedagogy* (pp. 87—108). London: Continuum.

Maton, K. (2011). Theories and things: The semantics of disciplinarity. In F. Christie & K. Maton (Eds.), *Disciplinarity: Systemic functional and sociological perspectives* (pp. 62—84). London: Continuum.

Maton, K. (2013). Making semantic waves: A key to cumulative knowledge-building. *Linguistics and education*, 24 (1), 8—22.

Maton K. (2014a). *Knowledge and knowers*: *Towards a realist sociology of education*. London: Routledge.

Maton K. (2014b). A TALL order? Legitimation code theory for academic language and learning. *Journal of academic language & learning*, 8 (3), 34—48.

Matruglio, E. (2014). Humanities' humanity: Construing the social in HSC modern and ancient History, society and culture, and community and family studies (Unpublished doctoral dissertation). University of Technology, Sydney.

Matruglio, E., Maton, K. & Martin, J. R. (2013). Time travel: The role of temporality in enabling semantic waves in secondary school teaching. *Linguistics and education*, 24 (1), 38 - 49.

Matthiessen, C. M. I. M. (1992). Interpreting the textual metafunction. In M. Davies & L. Ravelli (Eds.), *Advances in systemic linguistics*: *Recent theory and practice* (pp. 37—81). London: Pinter.

Matthiessen, C. M. I. M. (2009). Ideas and new directions. In M. A. K. Halliday & J. J. Webster (Eds.), *Continuum companion to systemic functional linguistics*. London & New York: Continuum.

Matthiessen, C. M. I. M., Teruya, K. & Lam, M. (2010). *Key terms in systemic functional linguistics*. London & New York: Continnum.

Miller, T. (1998). Visual persuasion: A comparison of visuals in academic texts and the popular press. *English for specific purposes*, 17 (1), 29—46.

Moore, R. (2013). *Basil Bernstein*: *The thinker and the field*. London: Routledge.

Morgan, M. (2011). A corpus-based investigation into the relationship between propositional content and metadiscourse in student essay writing (MA. Thesis), University of Nottingham, UK.

Motta-Roth, D. & Lovato, C. D. (2011). The hegemonic power of science in the scientific popularization discourse. *CALIDOSCOPIO*, 9 (3), 251—268.

Muller, J. (2007). On splitting hairs: Hierarchy, knowledge and the school curriculum. In F. Christie & J. R. Martin (Eds.), *Language, knowledge and pedagogy: Functional linguistic and sociological perspectives* (pp. 65—86). London: Continuum.

Myers, G. (1990). *Writing biology: Texts in the social construction of scientific knowledge*. Madison: University of Wisconsin Press.

Myers, G. (1991). Lexical cohesion and specialized knowledge in science and popular science texts. *Discourse processes*, 14 (1), 1—26.

Myers, G. (1994). Narratives of science and nature in popularizing molecular genetics. In M. Coulthard (Ed.), *Advances in written text analysis* (pp. 179—190). London: Routledge.

Myers, G. (2003). Discourse studies of science popularization: Questioning the boundaries. *Discourse studies*, 5 (2), 265—279.

Nieman, A. (2000). *The popularization of physics: Boundaries of authority and the visual culture of science* (Unpublished doctoral dissertation). University of the West of England, Bristol.

Nwogu, K. N. (1991). Structure of science popularizations: A genre analysis approach to the schema of popularized medical texts. *English for specific purposes*, 10 (2), 111—123.

Nwogu, K. N. & Bloor, T. (1991). Thematic progression in professional and popular medical texts. In E. Ventola (Ed.), *Functional and systemic linguistics: Approaches and uses* (pp. 369—384). Berlin & New York: de Gruyter.

Olson, D. (1977). From utterance to text: The bias of speech and writing. *Harvard educational review*, 47 (4), 257—81.

Pike, K. L. (1959). Language as particle, wave, and field. *Texas quarterly*, 2 (2): 37—54.

Pike, K. L. (1967). Grammar as wave. In J. Blansitt (Ed.), *Report of the 18th annual round table meeting on linguistics and language studies* (pp. 1—14). Washington D. C.: Georgetown University Press.

Pike, K. L. (1981). Dreams of an integrated theory of experience. *Foreign language teaching and research*, (1), 24—33.

Parkinson, J. & Adendorff, R. (2004). The use of popular science articles in teaching scientific literacy. *English for specific purposes*, 23 (4), 379—396.

Pumphrey, S. & Cooter, R. (1994). Separate spheres and public places: Reflections on the history of science popularization and science in popular culture. *History of science*, (32), 237—67.

Riaza, B. G. (2010, July). Mapping attribution across texts: the particle "according to" in science popularizations and editorials from *The Guardian*. Paper presented at Mapping Language across Cultures Conference (MLAC 10), Salamanca.

Riaza, B. G. (2012). *Attribution and thematization patterns in science popularization articles of* The Guardian *newspaper*. Salamanca: Ediciones Universidad de Salamanca.

Rose, D. (1997). Science, technology and technical literacies. In F. Christie, & J. R. Martin (Eds.), *Genre and institutions: Social processes in the workplace and school* (pp. 40—72). London & New York: Continuum.

Rose, D. (1998). Science discourse and industrial hierarchy. In J. R. Martin & R. Veel (Eds.), *Reading science: Critical and functional perspectives on discourses of science* (pp. 236—265). London & New York: Routledge.

Saussure, F. D. (1915 [1966]). *Course in general linguistics*. New York: Philosophical Library.

Schleppegrell, M. (2004). *The language of schooling: A functional linguistics perspective*. Mahwah: New Jersey: Lawrence Erlbaum.

Skorcynska, H. (2001). Metaphor in scientific business journals and business periodicals: An example of the scientific discourse popularisation. *Ibérica*, 3, 43—60.

Thompson, G. (1998). Resonance in text. In A. Sanchez-macarro & C. Carter (Eds.), *Linguistic choice across genres: Variation in spoken and written English* (pp. 29—46). Amsterdam/Philadelphia: John Benjamins Publishing Company.

Ure, J. & Ellis, J. (1977). Register in descriptive linguistics and linguistic sociology. In O. Uribe-Villas (Ed.), *Issues in sociolinguistics* (pp. 197—243). The Hague: Mouton.

Varttala, T. (1999). Remarks on the communicative functions of hedging in popular scientific and specialist research articles on medicine. *English for specific purposes*, 18 (2), 177—200.

Vogel, R. (2010). Lexical cohesion in popular *vs*. theoretical scientific texts. In R. Jančaříková (Ed.), *Interpretation of meaning across discourses* (pp. 61—74). Brno: Masaryk University.

Vorster, J. & Quinn, L. (2015). Towards shaping the field: Theorising the knowledge in a formal course for academic developers. *Higher education research & development*, 34 (5), 1031 - 1044.

Widdowson, H. G. (1979). *Explorations in applied linguistics*. Oxford: Oxford University Press.

Whitley, R. (1985). Knowledge producers and knowledge acquirers: Popularisation as a relation between scientific fields and their publics. In T. Shinn & R. Whitley (Eds.), *Expository science: Forms and functions of popularisation* (pp. 3 — 28). Dordrecht & Boston: D. Reidel Publishing Company.

Wignell, P. (2007). Vertical and horizontal discourse and the social sciences. In F. Christie & Martin, J. R. (Eds.), *Language, knowledge and pedagogy: Functional linguistic and sociological perspectives* (pp. 184—204). London: Cassell.

Williams C. J. (2009). Metaphors of cancer in scientific popularization articles in the British press. *Discourse studies*, *11* (4), 465—495.

Wikipedia (2015). Popular science. Retrieved Dec. 25, 2015, from https://en.wikipedia.org/wiki/Popular_science.

Wynne, B. (1995). Public understanding of science. In J. Sheila, E. M. Gerald, C. P. James & P. Trevor (Eds.), *Handbook of science and technology studies* (pp. 361—388). London & New Delhi: Sage Publications.

Wertsch, J. (1985). *Vygotsky and the social formation of mind*. Cambridge: Harvard University Press.

邓庆环（2009）.人际视角下英语科普语篇的文化和社会互动性.山东外语教学，(6)，104—108.

范文芳（2007）.试论语法隐喻的综合模式.外语教学，(4)，12—16.

方梦之（1981）.略论科技英语的词义特点.外语学刊，(3)，40—42.

胡壮麟（1996）.有关语篇衔接理论多层次模式的思考.外国语，(1)，1—8.

黄衍（1985）.试论英语主位和述位.外国语，(5)，34—38.

黄国文（1998）.递归、级转移与功能句法分析.外语教学与研究，(4)，47—51.

黄国文（2001）. 系统功能语法中的重合主位. 现代外语，24（2），111－120.
黄国文，辛志英（2010）. 功能语言学通论. 北京：外语教学与研究出版社.
何伟（2002）. 递归、嵌入与功能句法再分析. 外语学刊，（3），64－69.
李战子，胡明霞（2016）. 基于语义重力说和评价理论的评价重力——以傅莹《中国是超级大国吗?》演讲为例. 外语研究，（4），1－6.
刘润清（1979）. 派克的法位学语法. 语言学动态，（6），1－3.
罗载兵（2016）. 论语法隐喻图示化的语义波. 西安外国语大学学报，（2），34－38.
罗载兵，蒋宇红（2015）. 语法隐喻的语义波建构模式. 外语研究，（3），24－29.
孟盈珂（2012）. 科普语篇的人际意义：积极介入. 福建省外国语文学会 2012 年会论文集.
史文霞（2010）. 科技语篇经济性：意向性与语用策略. 博士论文. 上海外国语大学.
杨炳钧，罗载兵（2012）. 系统功能语言学的多重述位及其构成. 当代外语研究，（9），5－9.
杨信彰（2006）. 名词化在语体中的作用——基于小型语料库的一项分析. 外语电化教学，（2），3－7.
杨信彰（2011）. 英语科技语篇和科普语篇中的词汇语法. 外语教学，（4），18－21.
钱军（1998）. 结构功能语言学：布拉格学派. 长春：吉林教育出版社.
徐盛桓（1982）. 主位和述位. 外语教学与研究，（1），1－9.
许明武（2010）. 科普英语标题中的陌生化现象研究. 解放军外国语学院学报，（2），8－12.
赵清丽（2013）. 中小学物理教科书的知识建构. 厦门：厦门大学出版社.
赵文超（2016）. 系统功能语言学中的概念意义分形思想. 现代外语，2016，（5），638－646.
张德禄，秦双华（2010）. 马丁论跨学科性. 当代外语研究，（6），13－16.
张少雄（1994）. “科技英语词汇”评说. 外语教学与研究，（3），47－50.
张玉波，杨炳钧（2016）. 限定系统的功能语言学再描写. 外语教学与研究，（4），522－534.
朱永生（2006）. 名词化动词化与语法隐喻. 外语教学与研究，（2），83－90.
朱永生（2015a）. 论语义波的形成机制. 外国语，（4），48－57.
朱永生（2015b）. 从语义密度和语义引力到物质与存在. 中国外语，（4），16－25.

文旭，刘润清（2006）. 汉语关系小句的认知语用观. 现代外语，(2)，111－119.
吴格奇，朱永生（2016）. 大学英语教材中三个不同语类的“权力三项”特征分析. 外语与外语教学，(5)，50－58.

附录1 英语科普语篇样例

原文

Telecommunications Satellite Spins out of Control

1. People in most countries depend on communications technology more than ever before. One day in May, an accident forced millions of Americans to be silent. They had to live and work without the technology they depend on every day.

2. A telecommunications satellite experiences computer failure. The satellite known as Galaxy Four escaped from its correct orbit and was unable to received signals from Earth. A backup computer failed to turned on. and the satellite began to spin out of control.

3. Galaxy Four was launched in 1993. It cost two hundred fifty million dollars. The failed satellite is almost three meters wide. It has devices on each side that are fifteen meters long to gather energy from the sun. It weighs about one thousand seven hundred kilograms. Galaxy Four provided a major link for millions of pagers, credit card operations, company communications systems and home satellite equipment. The satellite also was used to send television and radio broadcasts.

4. Galaxy Four is owned by PanAmSat of Greenwich, Connecticut. Officials at PanAmSat tried to repair the satellite. They say they do not know how and or why the satellite failed. They say the satellite cannot be fixed. Experts say it is possible something in space crashed into it.

附录2　语义波分形谐振总体标注框架

- 语义波分形谐振
  - 分形层级
    - 词
    - 词组
    - 小句
    - 小句复合体
    - 语段
    - 语篇
  - 语法性状
    - 序列
    - 图示
    - 成分
      - 参与者
      - 过程
      - 环境成分
  - 语义幅度
    - 低值
      - 词-词
      - 词组-词组
      - 小句-小句
      - 小句复合体-小句复合体
      - 语段-语段
      - 语篇-语篇
    - 中值
      - 词-词组
      - 词组-小句
      - 小句-小句复合体
      - 小句复合体-语段
      - 语段-语篇
    - 高值
      - 词-小句
      - 小句-语段
      - 词组-小句复合体
      - 小句复合体-语篇
  - 移动方向
    - 上升
    - 下降
    - 上升-下降-上升
    - 下降-上升-下降
  - 概念型语义波
    - 波峰
    - 波谷
  - 时间型语义波
    - 时间定位
    - 时间定向
  - 空间型语义波
    - 空间定位
    - 空间定向

附录3　语义波谐振类型标注框架

- 语义波谐振
  - 横向谐振
    - 概念型语义波–时间型语义波
    - 概念型语义波与空间型语义波
    - 时间型语义波与空间型语义波
    - 概念型语义波与语篇信息波
    - 时间型语义波与语篇信息波
    - 空间型语义波与语篇信息波
  - 纵向谐振
    - 概念型语义波
    - 时间型语义波
    - 空间型语义波